吴彤章口述历史

吴彤章口述　唐葆祥撰稿

ORAL HISTORY

上海市文史研究馆口述历史丛书

上海书店出版社
SHANGHAI BOOKSTORE PUBLISHING HOUSE

吴彤章

吴彤章，优秀军旅画家、金山农民画的开拓者、中国美术家协会会员、金山农民画院名誉院长、第八届上海市政协委员、上海市文史研究馆馆员，有《碧海红心》《胜利返航》、《175 英雄艇组画》、《不爱红装爱武装》等多幅作品参加海军和全军美展，并被解放军总政治部、沈阳故宫博物院等收藏。本书是他对经历与事业的回顾。全书十章，通过童稚涂鸦、负笈美专、擎笔从戎、军旅立功、拜师唐云、田野采风、"鬼楼"夜画、文馆执教，直至扎根民间，艰苦探索，开拓与造就"金山农民画"的辉煌等一系列历史场景，还原了一个有追求、有挫折、有欢乐、有困惑，但始终充满正能量和创造力的人生。

编 撰 说 明

上海市文史研究馆成立于1953年6月,首任馆长张元济先生由毛泽东主席提名,时任上海市市长陈毅亲聘。建馆六十余年来,上海市文史研究馆由历任市长共延聘近1 200名馆员。馆员专业遍及文化历史、金石书画、新闻出版、教育学术、戏剧电影、传统医学、传统体育等多个领域,多以深邃造诣、杰出成就和一定的社会影响,成为专业翘楚乃至具有代表性的知名之士。他们在人生和事业道路上所经历蕴积的波澜起伏、经验见识和丰富阅历,是具有多重价值的宝贵的人文历史资源。

为了充分发掘文史馆馆员群体所特有的珍贵而丰厚的人文历史资源,保存历史记忆,记录时代风云,推动口述历史研究工作,上海市文史研究馆于2013年7月正式成立上海市文史研究馆口述历史研究中心。著名历史学家、上海市文史研究馆馆员姜义华和熊月之先生联袂担任中心主任。中心成立后,即聘请沪上学有专长的十位文史学者担任特聘研究员,启动上海市文史研究馆口述历史丛书(以下简称丛书)编撰项目。为了保证丛书的整体质量,在广泛征求各方面意见后,确定以下编撰原则:

一、丛书主要以上海市文史研究馆馆员、同时适当选取符合要求的馆外人士为访谈对象(即口述者)。

二、丛书恪守口述历史征集途径和开展过程的规范性。凡列选书目,概由口述历史研究中心先根据相关原则选取访谈对象。征得同意后,由口述历史研究中心约聘的撰稿人拟定采访提纲,经中心审议和口述者认同后付诸实施。访谈结束后,由撰稿人在文字笔录对比录音、影像的基础上整理成文,最终由口述者本人修订定稿。

三、丛书注重口述历史区别于一般"自传"或"回忆录"的独特性。访谈范围涉及口述者家世、经历、事业、交往、见闻等多个方面，尤其重视本人在场或参与之所历、所见、所闻、所传、所思，具有历史价值却缺乏文字资料的内容。

四、丛书本着客观的态度保存口述者的记忆。由于认识水平和记忆偏差，其内容可能与事实有出入。撰稿人应对口述中出现的人、地、物名及时、空、事件等进行必要的核对，尽量减少常识性错误，必要时可加以注释论证，亦可视具体情况在正文后面附录口述者活动年表等相关资料。

五、丛书在整理成稿并交付出版时，除了部分内容因涉及敏感暂不公开，或不得已而有所技术处理外，应努力保持资料原貌，切忌依据主观价值标准任意删除或更改，以此体现对口述者、对口述历史的尊重，同时也给口述资料的使用者保留可供继续解读和分析考证的空间。

六、丛书按照以图辅文、以图证史的原则向口述者征集和选用图片，包括照片、书信、手稿、字画、实物摄影等各种形式的图像资料，基本要求是：图片题材应该与口述内容直接关联，图片质量应该达到刊用水准，图片说明应该以新闻报道原则来撰述，时间、地点、人物、主题，基本齐全。

我们热忱希望丛书的编撰出版能拓展史料搜集的范围，能丰富读者对历史的认知，也衷心希望大家对我们编撰工作中存在的疏漏或差错，不吝批评指正，以利于口述历史的健康发展。

上海市文史研究馆

2015年6月

目　录

第一章　我的父母亲

一、从小定下娃娃亲

我的家乡是江苏奉贤县(今上海市奉贤区)四团镇,奉贤位于上海市的南部,南临杭州湾,北枕黄浦江与闵行隔江相望,东与南汇相接,西与金山、松江为邻,濒海临江,交通方便,土地肥沃,气候温和,早在三四千年前,就有先民居住,自宋朝南渡之后,此地人口激增,商业发达,南桥、萧塘成市逾千年,后逐渐形成南桥、奉城、四团三个大镇。四团位于奉贤东部,沿海居民自古以晒盐为生,自北宋元丰元年(1078)就有青墩盐场之设(今奉城),而"团""灶""墩"依次是当时盐业管理组织的级别,四团实为青村盐场第四团,因而得名。中国古代,盐粮是国家经济的命脉,有盐之乡,多为富庶之地,其政治地位亦高。清道光年间设县丞署,清末民初设分区署等机构。1945年,县保安大队一个中队就设在四团,盐政公所也在四团。

我父亲吴士林,出生于奉贤县平安乡(今属四团镇)渔洋村,母亲张秀娥,出生于平安乡十家村,两村相距约三里。吴张两家都是当地的望族,门当户对,世代通婚,我父母就是从小定下的娃娃亲。父亲幼年聪慧好学,小学毕业后考入无锡师范学校(当时师范的食宿都由国家供给),毕业后,到南汇县大团小学任六年级语文教师兼班主任。父亲二十岁的时候,打算到张家娶亲。但情况发生了变化。我祖父平时好赌,又吸毒,家产败尽,外公外婆怕女儿嫁到吴家吃苦,遂有悔婚之议。可我母亲坚决反对悔婚,一是我父亲有文化,又有一份不错的工作;二是父亲长得很英俊,性格温和。至于经济问题,她自有一套重整家业的计划。外公外婆拗不过女儿,只得将她嫁到吴家。

当时，我父亲刚从无锡师范毕业，一介穷书生，结婚拜堂仪式在渔洋老宅进行，父亲身穿一件士林布长衫，在亲友眼里显得很寒酸，但父亲很自信，很坦然。婚后，父亲与母亲在大团租房居住。我与两个哥哥就出生在大团。父亲只管教书，家中一切都由母亲主持操劳。母亲的重整家业的计划也在有条不紊地进行着。首先她将陪嫁过来的二十几亩"裙带田"出租给农民来种，收入五五分成。同时，她向我外公借钱，先赎回一部分被我祖父卖掉的田（当年祖父将田以半价买给自家兄弟，讲明在十年内可以赎回，当地称为"浮田"），有了收成，再赎回一部分。如此数年，竟将祖父卖掉的一百三十亩田，全部赎回。父亲是小学教师，薪酬微薄，后来我们回家乡四团买地造的新屋，都是我母亲积攒起来的钱。

二、出任校长回四团

我父亲1923年起到大团教书，达十年之久。1933年回到家乡四团镇（离大团三里），出任四团小学校长。四团小学至今已有一百多年历史，初名圣果学堂，因借圣果寺的方丈楼作课堂而得名。我父亲接手时，已易名为奉贤县立四团初级小学校。他到任后，除了强调尊师重教好校风外，做了两件大事：一是请县政府出面，与圣果寺主持师太协商，将原来借用的方丈楼归学校永久使用；二是扩建校舍，增设高小班，将初级小学改为完全小学，经费的一部分由县教育局划拨，一部分向地方乡绅筹集。不久，在方丈楼的东侧建造起教室七间，教室前辟一操场，中间竖一旗杆，两侧有篮球架、单杠和沙坑等体育设施。校门设在南面，从校门外通向大街的是一条青砖小路，小路西边圣果寺高大的围墙，东边是镇公所的围墙，探出几枝茂密的树冠，斑驳的树影洒落在青砖小路上，显得十分安静和清幽。但每当上学和放学的时候，这条寂静的小路回荡着一阵阵欢声笑语，洋溢着浓浓的青春气息。

刚回四团时，我们全家寄宿在方丈楼上，但终非长久之计。于是父母筹划买地造屋。父亲看中一块地，离学校一二百米处，约有四亩大小，因中间有座无主的坟墓，价格比较便宜。母亲觉得在坟墓边盖房，总是不太吉利，可父亲不相信迷信，将地买了下来。北边造起五间带走廊的瓦屋，屋后是一片竹林，竹林后面是一条通市河的小浜头，当地叫沟梢。东边造三间厢房，作仓库用，把中间的无主坟墓平了改建成圆形花坛，花坛四周种上黄杨，一条石子小路围绕花坛通向大门，两边种了一些果树，围墙用红砖砌成，大门是用铁皮包的，在这远离大城市的小镇上，显得很洋气。一家人搬进新屋,其乐融融,尤其我们兄弟几个,玩耍的空间增大了,特别兴奋。

父亲很喜欢书画,收藏一些名家字画,客厅里挂着春夏秋冬四条画屏,字画不定期地调换。他自己每天在一块四十厘米见方的方砖上练大字,他要求我们要写好字,说字是自己的脸面,没见到你的人,先见到你的字,就对你产生了印象。在房门上,贴的是父亲手书的《朱柏庐治家格言》(即《朱子家训》),教育我们一定要勤劳节俭,而且让我们熟读牢记。因此我还记得其中一些句子:

> 黎明即起,洒扫庭除,要内外整洁;
> 既昏便息,关锁门户,必亲自检点;
> 一粥一饭,当思来之不易;
> 半丝半缕,恒念物力维艰。

我们搬进新屋不久,四弟突然病了,烧发得很厉害,医生误诊,遂不治身亡。弟弟才四岁就不幸夭折,母亲很伤心,认为这是鬼魂作怪,与平坟有关。父亲虽不迷信,却也无言以对。当时母亲正怀孕在身,为了安慰母亲,父亲在四弟遗体肩上涂上红墨水作印记,希望他来生还投吴家。事有巧合,后来母亲生了五弟,五弟肩背上果然有一红色胎记。故而取名"再章"。

三、掩护抗日游击队

　　1937年日寇侵占上海,奉贤沦陷。父亲不愿为侵略者作奴化教育,毅然辞去校长职务,改行经商。奉贤历来就有棉乡之称,尤其是东乡(四团、奉城俗称东乡,南桥俗称西乡),向以植棉为主,种粮为次,四团的花行、米行就不下数十家。父亲先在大团花米行当总会计,后来他自己在四团也开了一家花米行。父亲不同于一般的商人,着眼点不在于赚多少钱,而是如何提高棉花的质量和产量。他通过各种关系,引进并普及了当地人称大棉花的美国棉种,使当地棉农大大受益,至今念念不忘。

　　日寇在四团镇驻扎一个小队的兵力,镇中心造起一座四层楼高的岗楼,离我家大门不到两百米的距离。有一天深夜,从岗楼方向传来一阵机枪和步枪声,响彻夜空,恐怖瘆人。第二天清早,几个日本兵闯进我家,说要搜查游击队,明晃晃的刺刀对准父亲的胸膛。那时大哥、二哥都到上海读书去了,我与小弟吓得依偎母亲身边。父亲非常镇静,任其搜查。日本兵搜查半天,一无所获。但不到一小时,杀个回马枪,又来搜查。这次他们把地板、方砖都翻了起来,还是一无所获,只得悻悻而去。

　　我家五间屋的最西边一间是灶间,隔壁第二间一分为二,中间用木板隔开。前半间作吃饭间,与灶间相通。后半间铺地板,作客房用,里面有一张单人床、一张写字桌和面盆架等生活用具,平时有客人来,就住在这里。曾经有一天中午,我看见母亲把饭菜送到客房去,进出都把门带上,显得神秘兮兮。客人为什么不和我们一起吃饭? 我也不敢动问,母亲常告诫我们:"大人的事,小孩是不可问的。"但我的好奇心很强,趁母亲不在的时候,偷偷推进门去,朝里一看,什么人都没有,房里东西也没有变动,连忙退了出来。联想起前几天日本兵来搜查游击队,住在客房里的人莫非就是抗日游击队?但这是大人的事,我也不去想它了。

又过了几天,那天放学后,我与几个同学玩"抓犯人"游戏,奔跑得满头大汗。天也黑了,肚子也饿了,回到家里,用钥匙开了大门,直向吃饭间奔去。猛推开门,只见父母与一陌生人围在饭桌旁说话。母亲见我进来,忙起身关了门,让我叫"朱叔叔",我低声叫了一声。但那位朱叔叔似乎对我很冷淡,对我的突然闯入,显出不高兴的样子。当时天已经黑了,桌上点着一盏煤油灯,玻璃灯罩上套着黑色的纸圈,让光线向下照,因此我没有看清这位朱叔叔的长相。母亲给我盛了一碗饭,我就狼吞虎咽般吃起来,我只顾吃,父亲与朱叔叔什么时候离开的都不知道。母亲等我吃完饭,拿了盏煤油灯,送我到房间,替我擦了身,换了衣裤,也就睡了。

大约又过了一个多月,我夜里醒来,听见父母一段对话:

"新四军来人把机枪运走了。"

"什么时候?"

"前天,他们划了两只小丝网船,在外河假装捉鱼,没有遇到日本兵,一只船望风,一只船乘机进了后沟梢取走了机枪。"

"你们把机枪藏在哪里?"

"用油纸包好,塞在阴沟洞里。"

"太冒险了!"

"洞口长满水草,河水又没过洞口,因此日本兵发现不了。"

"阿弥陀佛,菩萨保佑!"

抗日战争胜利后,母亲曾说起,新四军浙东纵队淞沪支队支队长朱亚明到过我家。现在回想起来,那天我在吃饭间里遇到的那位朱叔叔,大概就是朱亚明同志了。

上世纪六十年代中期,朱亚明任苏州市委书记,我的一位在奉贤教育局工作的堂兄吴梦章,见到朱亚明同志问起对吴士林的评价(我父亲已过世),朱亚明说:"吴士林是个好人,姚仁秋已写过文章。"

姚仁秋是地下党,曾在我父亲的部下,解放后任四团镇镇长,他写过吴士林如何掩护抗日游击队的文章。

四、父亲被害经过

1945年抗战胜利,父亲欢欣鼓舞,想为国家重建、社会发展贡献自己一份力量,毅然弃商从政,考入上海市政府社会科,成为一名公务员。在机关里,父亲亲身目睹了国民政府种种腐败,十分灰心失望,又辞职回家。次年,新任奉贤县县长奚永之来访,从此改变了父亲一生的命运。

奚永之于1946年任奉贤县县长。他不是本地人(是上海人),初来乍到,人地生疏。他在上海百乐门舞厅认识了奉城的徐景阶先生,请他推荐能人,协助工作。徐景阶就推荐了我父亲。奚永之立即驱车到四团拜访。两人相见,十分投机,话题从抗日战争、教育战线到商场官场,两人政见相同,观点一致。奚县长当即诚邀父亲出山,当时四团区已并入奉城区,徐景阶任奉城区区长。徐景阶让贤,由我父亲出任奉城区区长。

对于父亲出任区长,母亲是反对的。她觉得官场太复杂,到处有陷阱,弄不好身败名裂,不如教书简单清净。但父亲说,一来县长亲自热诚相邀,情面难却;二来自己也想为家乡父老出点力,做点事。母亲见他主意已定,也就不再阻拦。

父亲任区长的时候,可谓尽心尽责。在农业上他为农民发放贷款,推广良种,修路架桥,疏通河道,凡事都亲力亲为。比如疏通洪庙港的时候,父亲常带饭上工地,手提小饭篮去巡查,有人打招呼叫他"吴先生",他就一鞠躬。母亲笑他"都像讨饭叫花子了"。

父亲有强烈的是非观,在待人处世方面也取平等公正的原则,不论穷人富人,不管什么党派,有事去找他,他都以礼相待。他虽是国民政府官员,但他不反共。他曾对亲信说,"国民党里有坏人,共产党里也有好人"。

他任用思想进步的姚仁秋(实为中共地下党员)为四团镇副镇长,钱桂楼(新四军南汇县第八区区中队副)为合作社理事,与新四军的朱伯英、张世楼也有过接触。有一次朱伯英的小分队在四团外十三坎活动时被围,消息传到姚仁秋那里。姚很着急,如出手相救,就会暴露自己身份,但又不能不救。他去试探我父亲,父亲心知肚明,说了一句:"不就是张世楼、朱伯英几个人吗!"言下之意,放他们跑算了。姚会意,他带领自卫队,采取围而不攻,并让出通道,为他们晚上突围提供方便,达到了救援的目的。

1947年父亲调任奉贤县社会科科长。在社会科辖下,有一慈善机构名"同善堂"。该堂兴建于清道光十四年(1834年),是奉贤最大的慈善机构,历届政府对没籍的土地财产均判作同善堂公用。总堂设在南桥,到抗战前夕,总堂有房十二间,计有土地一千六百亩。总堂下设南桥、庄行、阮行、泰日四个分堂,有房二十间,由社会贤达十五人组成理事会进行管理。每年的田租收入一部分作为对穷人的救灾、养老、求医、济残、施棺、埋葬等费用;一部分留作日常开销和扩展之用。上海沦陷后,理事会名存实亡,管理权落在当地政客和恶霸手里。抗战胜利后,奉城的分堂就被徐谷生(诨名徐阿大)、潘泉生(诨名潘卵毛)等恶霸地痞霸占,把分堂视作他们的私产,大肆挥霍,作威作福,根本不顾百姓死活。

作为社会科科长,职责所在,父亲经过调查,发现同善堂的舞弊,决心把它管理起来。他派钱桂楼(原为地下党、新四军干部)去同善堂任庶务,管理账目。这样就断了当地政客恶霸的财路。那些人恨得咬牙切齿,大骂"吴士林不入调",叫嚣要"弄脱伊"!于是徐、潘勾结,指使苏祥根等几个土匪流氓伺机枪杀我父亲。但父亲平时身边有两个警卫跟着,一时无从下手。

1948年11月5日,潘泉生获悉我父亲的干儿子萧金林结婚,要去洪庙萧家贺喜证婚。因为是私事,也不带警卫,正是行刺的好机会!潘立即派苏祥根、王林根等四人赶到萧家,先由苏祥根出面,说有要事找我父亲到门外个别谈。父亲不知就里,又怕影响大家吃喜酒,就向亲友打个招呼,随苏出门。谁知一出萧家,冲上来三条大汉,又推又搡,将我父亲挟持而去,到洪庙李家路口,枪杀了我父亲。

枪声传来,萧家立即派两人去打探,得知吴士林被枪杀,当即报了案。国民政府虽训令缉拿凶手归案,但并未抓到凶手,只是将苏祥根的妻子送到上海警备司令部搪塞了事。

解放后,苏祥根等凶手终于落网,他交代说:"我们是受徐谷生、潘泉生指使的,并不知道为什么要杀吴士林,只知道徐、潘为同善堂事与吴士林有矛盾。不杀吴士林,徐、潘饶不了我们。吴士林当时说,你们要钱可以给钱。我们不是为钱,吴身上值钱的东西如手表戒指我们也没拿,打了两枪就跑了。"案件水落石出后,主犯伏法,苏妻被释放。(此案详见由上海古籍出版社《奉贤政协文史》1996年第二辑第224页—226页《绅士吴士林被害经过》一文。)

父亲死后,在遗物中发现一封来自苏北解放区的密信,信是由无锡师范学校同班同桌同学管文蔚同志写来的,信中请我父亲去苏北解放区与他共事。但由于父亲家有妻儿老少,没有去成。解放后,管文蔚任苏南行政公署管理委员会主任,派人来找过父亲。粟裕将军也曾派两位干部来找过我父亲,多年前,粟裕有支部队路过这里时,曾得到我父亲的帮助。但父亲已不在人世。

对我们全家来说,父亲的被害,犹如晴天霹雳,当时大哥刚开始工作,二哥还在上海读书,家中重担都由母亲一人挑起。父亲生前为民众做的好事,有口皆碑,大家十分怀念。母亲借债为父亲建造一座祠堂。不久上海解放,父亲虽然评为"开明士绅",但家中田地、房屋都分掉了,母亲在经济、精神双重压力下,得了严重肝炎,又没有得到及时治疗,年仅五十三岁,就离开了我们。

第二章　四团镇上小画家

一、粉笔涂鸦

我从小就对画图有兴趣，喜欢东涂西涂。大约三四岁的时候，我们搬进了新屋。屋里的石灰墙还没有干硬，用手一掐就是一个印子，很好玩。但我不满足这样的小打小闹，到院子里拾了根树枝，在墙上乱画一通，不一会，两面墙都画满了。我正站在那里自我欣赏的时候，母亲回来了。母亲满脸惊愕的表情，让我意识到犯了错误，扔掉树枝，低着头，站在那里。母亲没有大声训斥，只是叮嘱下次不可在墙上乱涂。第二天，母亲请泥水匠来重新粉刷一遍。

四团镇有座城隍庙，坐落在圣果寺的西隔壁。共有两进房子，记得前殿有判官、公差等塑像，还有一排木栅；后殿供的是城隍老爷，光线很暗，阴森森的很可怕，我们小时候一踏进后殿，心就扑腾腾乱跳，不敢抬头正视。后殿有两间西厢房，是城隍奶奶的住处，一间放城隍奶奶塑像，一间是城隍老爷与奶奶的卧室，有一张床，床上有被子，还派人定期晒洗。乡民想象中，城隍老爷的生活与人间是一样的，他们在做这些事的时候，表现得相当虔诚。

前殿的南边，有一座戏台，面对前殿，中间有一片场地，每年冬天，农民为庆丰收，要请城里的京班到这里来演戏，那是四团镇最热闹的日子，城隍老爷和奶奶也抬出来，放在前殿屋檐下，请他们看戏。开锣戏是《跳加官》，一演员扮演天官，踏着锣鼓点子上来，先向观众拜年，然而在边跳边舞中展示手中的条幅，上书"国泰民安""风调雨顺""五谷丰登"之类的祝词，观众就向台上扔钱。下面演的戏有文有武，文的如《苏三起解》，武的如《孙悟空大闹天宫》等等，我们小孩最喜欢看的是"杀打戏"

（我们乡下称武戏为"杀打戏"）。还有，庙台周围的小吃摊也吸引我们，有卖瓜子花生的，有卖芝麻糖梨膏糖的，有卖糯米团鸡蛋糕的，最吸引我们的是吹糖艺人，用麦芽糖吹出鸡鸭、葫芦、大刀等各种形状，又好吃又好玩。

碰到大旱，农民求雨，也会抬出城隍老爷。求雨与城隍老爷什么关系呢？我听年纪大的人说：让老爷到太阳下晒晒，晒到头顶"刮坼"（皮肤开裂），让他亲身尝尝干旱的滋味。这里既有对城隍老爷享受了百姓的香火，却不为百姓办事的责怪；也有催促城隍老爷赶快上天报告，请求下雨的意思。现在想起来，也是挺幽默、挺好玩的。

每年年初五出庙会，是城隍庙的最盛大的节日，也是四团镇一桩大事。当天一早，大约五时左右，天还没有亮，就有一队"跑小鬼"，即挨家挨户来驱野鬼。一队约十来人，为首的撑着一把没有油布的竹骨伞，伞骨上挂着一串串铜钱，伞骨一转动起来，沙沙作响。这队人在每家门前场地上，转着破伞，兜着圈子，主人给钱，他们就走；如不给，他们就在场地上一直兜下去。当然，一般兜了两圈，总会给钱的，毕竟他们来帮你驱野鬼嘛！

大约八九点钟，庙会正式开始。大街上两边阶沿上已经挤满了观众。突然有人喊"来了！"大家伸头踮足，向同一方向望去。走在前面的是"开路先锋"高大的哼哈二将，这是从庙里抬出来的。鸣锣开道的两个乡民，把大锣穿在左臂上，右手执锤打锣。接着是各种节目表演，有舞龙、舞狮、踩高跷、荡湖船等杂技表演，有孟姜女过关等民间故事扮演。印象最深的是《卖盐蛇》，这是反映奉贤本地盐民生活的特有的节目。一群妇女（由男子扮演）挑着担子去卖私盐，一个小丑打扮的税务官，头戴瓜皮帽，鼻子上架副黑边圆眼镜，三绺胡须，手里拿个大算盘，紧盯着卖盐女，又阻拦，又"吃豆腐"（调戏）；卖盐女走着蛇形的步子，绕来绕去，躲避又作弄着那个税务官。观看的百姓们发出阵阵会心的笑声。

节目过后，城隍老爷要登场了。先是过来一队彩旗，后面跟着一副銮驾,还有几个托着香炉的"托香",最后是城隍老爷和一批公差。这支庙会队伍,先在全镇主要街道兜一圈,然后去到方圆十里的村庄游行,因为这都是城隍老爷管辖的范围。最后,城隍老爷停留在镇上一座廊棚下,供大家参拜。老爷前,放着一排八仙桌,桌上的供品都由当地大户人家认供。供品除了鸡鸭鱼肉外,还有用萝卜、南瓜等雕成各种形状的果蔬,称为"桌面"。谁家贡品多,谁家桌面好看,谁家就体面。供桌前置一大铁镬子,作烧香用。这位城隍老爷在廊棚下,要停驻三天,享用四乡八方香火。

我看完延续一整天的庙会,非常激动,晚上一闭眼,庙会上一幕幕情景都在眼前闪过。第二天,我发现父亲的书房里有一盒彩色粉笔,忘乎所以地在书房的地板上画了起来。画着画着,把书房的地板都画满了,画的就是庙会上看到的,弯弯曲曲的庙会队伍,从开头一直到结束,自己最得意的是那条巨龙,画得活灵活现,正在自我欣赏的时候,听见大门"嘭"的一声,我抬头向大门望去,是父亲回来了!虽然书房离大门还有一段路,但要将地板上的画擦掉,已经来不及了。我下意识地躲到门背后。

我感觉到父亲已经进了书房,已经看到了地板上的画,可是他不作声,过了一会儿,父亲说:"不要捉迷藏,出来吧!"原来门臼较高,房门离地有十五厘米距离,我的身体躲在门背后,两只脚都露了出来。我想这次少不了一顿骂,谁知父亲和声细气地说:"画得不错嘛!"得到父亲表扬,我紧张的心情一下放松了。

"画的是庙会?"

"是昨天看的庙会。"

"谁带你去的?"

"桂熏哥。"桂熏哥船撑得好,他是四团镇上撑船最稳最快的,我们家有事常请他帮忙。

"画不能画在地上,地是走路的,画了图不好保留,要画在纸上。"

“我没有纸。”

“我给你去买。”

说罢，过去转身就去镇上买纸和笔。等他回来，我已经将地板上的画擦干净了。

“蛮好的画都擦掉啦？以后就画在这拍纸簿上。”

我拿着拍纸簿高兴极了，一本拍纸簿两三天就画完了。画的内容也增加了，小人书、连环画、香烟牌子，还有圣果寺围墙上的桃园三结义、岳母刺字等故事都是我学习临摹的样本。我读小学三年级，父亲给我买了一部《芥子园画谱》，是我学国画的入门。我读初中时，父亲又给我买了一本丰子恺编写的《绘画入门》，这使我对西洋画的素描、油画及文艺复兴以来的欧洲一些大画家有所了解。记得父亲还曾带我去拜访大团一位画家，他家客堂里挂着一幅以桃花源为题材的山水大中堂，两旁的对联好像是集曾国藩的家训。父亲毕竟是教师出身，很关注我的绘画兴趣，有意识地加以引导和培养。

二、寄宿圣果寺

我从小体弱多病，母亲迷信，以为有野鬼作怪，常烧香送"野客人"；若逢我生病，母亲让我躺在小床上，放下蚊帐，她在房内撒赤豆，驱赶野鬼。尤其四弟夭折后，将我过继给圣果寺的铁观音娘娘，寄宿在圣果寺的当家师太处。这位师太是母亲的亲姐姐，因为她是出家人，我们不叫她"姨妈"，而叫"吃素伯伯"。

圣果寺相传建造于清代。据老人说，四团镇原有三棵高大的银杏树（现存最小的一棵，树龄630年），银杏在古代佛教界尊称为"圣果"，故银杏树又名"圣果树"。圣果寺建造在银杏树的边上，因而得名。

解放前，圣果寺是上海浦东地区一座规模较大的寺庙，大雄宝殿供着一尊铁铸的观音，达三丈之高。下面的座基也有半丈来高，民间传说铁观音是从东海洋里漂来的，又由阴兵阴将抬上莲座。这里原本是和尚寺，香火很盛，后来社会动荡，寺庙败落，于上世纪三十年代初，和尚都走了，我家吃素伯伯接手，改为尼姑庙。1937年有两架日本飞机，在四团镇上空向圣果寺扔了两颗炸弹，一颗落在圣果寺的厨房里，轰的一声，升起一股浓浓的黑烟，老百姓都赶去救火，结果，炸弹正好落在烧戒饭的大镬肚里，火焰蹿得很高，屋顶上炸了个大洞，但没有烧到房屋。另一颗炸弹落在寺院外面，也没有爆炸。老百姓认为是铁观音显灵，所以每逢初一月半，烧香的人很多。

我一生病，就到圣果寺寄宿。吃素伯伯带领一班尼姑为我念《消灾延寿经》，在大殿上边念边兜圈子，我也跟在后面，听久了，我也会念。当我病情好一点的时候，就坐在大殿的拜垫上，静静地琢磨、欣赏佛殿里的塑像、锦幡、雕刻和壁画。有时也会到前殿庙门外去，我最喜欢骑在庙门口一对石狮子上玩。

圣果寺规模宏大，进庙门首先见到的是笑口常开大肚子的弥勒佛，背后是手拿金铜的护法神韦驮菩萨，两旁有四大金刚。进去是前殿，供送子观音，观音脸带微笑，怀抱婴儿，香火也很盛。前殿的东厢房是吃素伯伯的经堂和卧室。再进去就是大雄宝殿了，大雄宝殿两旁厢房是众尼的卧室，每一位大尼姑都带一位小尼姑，共约三十来人。

大雄宝殿的铁观音取释迦牟尼佛的坐相，双目下垂，双手叠放在腹部。手心向上，盘坐在莲花座上，头发像如来，宝蓝色的螺旋发，通体镀金，背后的光轮镀银，显得十分庄严。观音的后边是普贤菩萨和文殊菩萨，前面是善财和龙女。大殿两侧是十八罗汉。大殿正中高挂一盏长命灯，由小尼定时放下来加油。观音前挂的神帐和锦幡都绣着各种云纹和花样，五彩缤纷。供桌四边都是精致的木雕，大多是戏曲人物故事，如《薛丁山征西》等，刻得栩栩如生，我很想用手去摸摸，可惜这些木雕都用玻璃罩着。四周墙上的壁画，画的是佛教故事。我一个人在大殿里可以看上半天。吃素伯伯怕我太累，总是催着我回房歇息。

我睡在吃素伯伯的卧室里。卧室隔成前后两间，前间是吃素伯伯的经堂，后半间大一点，作卧室。经堂里挂着一幅白描的滴水观音画像，素雅、美丽，犹如古代的仕女，我就照着临摹了一张，被一位师姑要了去，大家都很喜欢，都来向我请观音宝像。从此，有人称我小画家，在四团镇上传开了。

解放前圣果寺最值得纪念的一件大事，是名重全国佛教界的弘一法师前来设坛开讲。我记得在大雄宝殿铁观音前搭了一座讲坛，弘一法师身穿红色嵌金线的袈裟，人很清癯，但声音洪亮。那天讲的是佛祖得道出家的故事，来听讲的不只是四团的信众，奉贤、南汇、川沙附近的信众都来了，人山人海，将大雄宝殿挤得满满的。吃素伯伯将自己的卧室让出来，作弘一法师休息之处，但弘一法师晚上不睡觉，他只是打坐。这是吃素伯伯后来告诉我的。

自上世纪五十年代以来,四团镇的圣果树、圣果寺都遭到劫难。三棵圣果树砍掉了两棵,一棵是解放初村委会缺乏活动经费,砍下卖了。一棵是"文革"时为建礼堂,锯成木板做板凳椅子。而圣果寺中的铁观音,在解放初破除迷信活动中,被砸得粉碎,当作废铁卖给了废品收购站。圣果寺后为学校所有,大雄宝殿作集会场所,东厢房作教师办公室,西厢房作教室。但在"文革"中,把整座圣果寺统统拆了,至今已了无痕迹。四团小学于1989年在镇东新建了校舍,庙后的早已归属学校的方丈楼和一排教室,改作了养老院。

三、给香火师傅当学徒

我大约十岁的时候，外公去世一周年，按照当地的习俗，要请道士做三天道场，超度亡灵。我每年的寒暑假都去舅舅家过。舅舅住在十家村乡下，虽比不上镇上热闹，但比镇上好玩，比如夜里到田边照青蛙，晚上几个人提着一盏特制的煤油灯，到田边用灯光照住青蛙，青蛙在灯光照射下，一动不动，这时我们就会用铁叉将青蛙叉住。外公的忌日，正好在放寒假的时候。舅舅为了做道场，提前半个多月，就作了种种准备：请好道士法师，联系好搭木厂（在庭院中搭建防雨的木棚，作道场用）的工匠，又从奉城请来全县最好的香火师傅。

香火师傅就是扎冥器以及刻纸花的民间艺人，这位香火师傅带领两个徒弟，提前半个多月就来了。扎纸人、纸船需要较大的场地，舅舅家中客堂要接待亲友，因此扎纸人的工作就借对门的三家村民的客堂中进行。我对此事特别感兴趣，每天跟随在香火师傅身边，问长问短。

香火师傅个子不高，还是个驼背，但他的手艺极好。他扎的纸人活灵活现，有男的也有女的，纸人头是用数层灯芯纸从木头的模型上拓下来的，做成立体的头型，然后画上眉毛、眼睛、嘴巴，衣服用彩色的纸扎成，都是俊男秀女，生动漂亮。

香火师傅最拿手的是扎纸船。那条纸船长一丈半，高半丈，门窗可以开合，船窗里还放置着纸做的桌椅、茶具，两侧站立着侍女，船头船尾，有摇桨撑篙的船夫，个个栩栩如生，船上张灯结彩，彩旗招展，美不胜收。

船的门窗上有精美的刻花，全用彩色滑贴纸雕刻而成。雕刻过程是先把十来层滑贴纸用纸钉固定，放在蜡板上，然后用刀雕刻。蜡板用羊油加香灰合成，垫在纸下，雕刻的时候，软硬适中，刀口不碰着下面的木板,就不容易磨钝。香火师傅画好图案花样,由两个徒弟雕刻,我跟着学习这种刻纸技术,学会了就帮师傅忙,所以,师傅表扬我聪明,学得快,很喜欢我。

后来我了解,奉城的刻纸艺术,历史悠久,相传始于元朝,盛于明末清初。刻纸的民间艺人都具备绘画和雕刻的功夫,创作内容以历史人物和花鸟为主,形象极为生动,让人过目不忘。这种民间艺术大多用于宗教祭祀、节日灯彩。所以以"香火"为营生的艺人都擅长刻纸。

舅舅家的庭院中搭好木厂,等道士来搭建"书房"。所谓书房,就是道家信奉的八百位木雕的神仙,一层层坐北朝南地排列在木架上,组成一座可以拆卸的神坛。前设供桌,桌前场地上铺红毡,是念经和作法的地方。

三天道场,第一天由众道士念经,念的什么经,我们都不懂,只见道士们身穿彩色道袍,头戴黑色道冠,一会儿坐着念,一会儿肃立着念,一会儿兜着圈子念。第二天由道士唱曲和演奏道教音乐,唱的大多是昆曲,竹笛悠扬。演奏的乐曲犹如江南丝竹,悦耳动听。此外还有吟唱、弹唱、咏唱等各种形式。据说是演唱给神仙们听的,当然也为沉浸在悲痛中的亲属们,带来一点愉悦和慰藉。

第三天上午祭祖,祭坛设在厢房里,墙上挂着全族三四代祖先的名讳,上方挂有"同登觉岸"四个大字的横幅,下有祭品,点着香烛,道士念一个祖先名字,烧一份纸钱。下午是道场的高潮,由法师作法,法师身穿宝蓝道袍,头戴八角黑色道帽,帽顶饰有紫金冠,先是手执木圭,带领众道士向八百神仙祝告。接着右手执剑,左手执铜杯带领众道士踏罡步斗,众道士手执三角彩旗,按星斗走方位,法师划剑,喷水,极为热闹。到了晚上,在大门口场地上烧纸人纸船及纸钱,这是后辈子孙孝敬先人的财物。我见精美的纸人烧掉,觉得可惜,想留下一个。香火师傅说,在烧前,是不可拿的,当点火后,允许抢出来。果然,在点火之后,师傅的一个徒弟帮我抢了一个纸人出来。

道场结束,亲戚们都陆续回去,我也带着一个纸人,从十家村回到四团。心里对刻纸花、扎纸人、扎纸船充满着憧憬。我向母亲表达了想去拜香火师傅为师的愿望。谁知被母亲责骂了一通，说我没志气，没出息！

其实，我母亲也是很支持我学画的。她本是一位能绣善织的农村妇女。当地有"六月六，晒红绿"的习俗，"红绿"指五颜六色的绣品，如嫁衣、手巾、绣鞋、荷包、肚兜等等，平时舍不得穿用，锁在箱子里，到了夏天，就拿出来晒一晒。我母亲也会在天好的时候，把箱子搬到场上晾晒，五颜六色的绣品，让我着迷，总是饶有兴趣地问长问短，母亲就耐心地给我讲解这些花样图案的含义，她最珍爱的是做新娘时，外公为她定制的一对银子头饰，叫"抖丝蓝花"，抖丝上有花有鸟有蝴蝶，插在发髻上，不仅好看，走起路来，鸟和蝴蝶都会微微抖动，发出瑟瑟的声音，十分悦耳。邻家若有好的绣品，母亲也会带我一起去看，让我把好看的花样描下来。母亲希望我在绘画上有所成就，但不想让我成为扎纸人纸船的香火师傅，从此，我也打消了这个念头。

四、拒上日语课

　　我初小是在四团的圣果寺小学读的,高小到大团小学求读。大约在三年级的时候,学校里来了一位教日语的老师,开始教我们日语字母,第二个星期要学日语拼音。班里有一个大一点的同学,在上课前站起来对大家说,"大人说,学会日语,日本鬼子要抓去当汉奸的,我们大家都不要学"。同学们听了都点点头。

　　日语教师进来了,让大家跟着他读日语拼音,大家都不吭声;他以为同学们没有听懂,他在重复一遍,大家还是不吭声,这才意识到有人捣蛋,十分恼火,凶巴巴地说:"谁在带头捣乱?"没人发声。他指名一个小女生,让她站起来说!这个小女生被吓得哇哇直哭,就是不讲。他又问了几个同学,都不开口。日语老师气急败坏地说:"你们这些小赤佬,不敲,看样子不会说!"说罢,他去办公室拿戒尺去了。

　　这时,有个同学站起来说"打手心,谁哭是孬种!"大家点头响应。

　　不一会日语老师拿来一把厚厚的戒尺,在桌上敲了几下,威胁道:"谁不说,就打谁!"接着他先找一个长得高一点的同学"你说,谁带的头?"

　　这位同学傲然站立,不开口,正视着老师,毫无惧色。

　　"把手伸出来!"

　　这位同学伸出右手,摊开手心,任老师重重责打。他闭着眼睛,咬着牙,还是不吭一声,成了同学心目中的英雄和榜样。

　　老师把男同学手心打了一遍,还是没有人说。接着他开始打女同学,有的女同学,尺还没有打下去,就哇哇哭起来,弄得教室里哭声一片。老师也筋疲力尽,又无可奈何,只得丢下戒尺,去叫校长。

校长来了，把同学们训斥了一遍。下课铃响了，那个日语老师随着校长悻悻而去。大家相互看着被打红肿的手心，心中充满着胜利的喜悦。

我回到家里，手肿得不能拿筷子。母亲初以为我在学校里闯了祸，我把事情经过说了，母亲没有责怪，只是流着眼泪，在我手心上涂了药膏，包了纱布。

后来，这个日语老师再也没有来上课，离开了四团小学。当时校长是张庠儒，也是个爱国人士，日本人要抓他，他得到消息，躲避起来，日本人就把他正在读小学的儿子和一名姓顾的老校工一起抓到大团，企图引出校长。此事在四团镇上引起震动。迫于舆论压力，日本人只得将这一老一少放了。

五、远足写生

　　1947年秋,我从大团的海东中学转学到奉贤的三官堂中学。这是一所私立学校,由南桥阮志道创办,是奉贤县第一所中学,后来在奉贤也算得上一流的中学。1949年春,学校初三年级组织一次春游,那时称"远足",地点是离南桥十来里的海边。学校食堂做了馒头分发给大家,同学们自己准备了水壶,女同学还带了一些零食,我与众不同,背了一块写生用的画夹。大约走了一个小时,海边到了。当茫茫大海出现在眼前的时候,大家欢呼雀跃,向大海奔去。有的在沙滩上打球游戏,有的脱了鞋赤着脚在水边捉小蟹拾贝壳。我在沙滩边一个高墩上坐下来,选好角度,打开画夹和水彩颜料,开始写生。

　　这天没出太阳,天空阴沉沉的,云层很厚,海水呈现出深蓝色,天水之间夹着一条灰白色的地平线,海浪很高,一浪又一浪地向堤岸涌来。沙滩上有一条搁浅的、有点倾斜的破渔船,船边搭一条跳板,有人从船上走下来。离船不远的沙滩上,用沙垒起一灶,灶上架一铁锅,有一渔民正在烧火做饭,炊烟袅袅而上,真有点"大漠孤烟直"的感觉。我以渔船为中心,大海为背景,画成一幅水彩画。这次远足,虽然没时间与同学一起玩,但我觉得收获很大,画出了一幅自己满意的作品。

　　回到学校,初三年级出了一期墙报,以这次远足为主题,写诗作文,向全校汇报。我把这幅水彩画用图钉钉了上去。年级主任谢金海老师,对我的画很欣赏。第二天,谢老师来上课,他把我的画带进教室,先肯定这是一幅好画,分析这幅画好在哪里,接着情绪激动地说:"吴彤章同学很有绘画天赋,可惜生不逢时,现在时局不稳,内战激烈,不知如何了结。如果在太平年代，他的前途真不可限量啊！"说着说着，泪水都流下来了。数十年后，当年的老同学聚会，大家不约而同地还提起这件事。

老师的评价和鼓励，使我很感动。现在回忆起来，这只是我的一张处女作，画技也不成熟，没有谢老师说的那么好，只是这幅画中透露出来的压抑气氛，与解放前夕的动荡不安氛围暗合，引起了谢老师的共鸣。我在班里语文、数学成绩都属中等，唯有对绘画情有独钟，经谢老师一表扬，增添了自己对绘画的信心，迫不及待地想踏入这个向往已久的艺术王国。

六、考入上海美专

上海美专,全称上海美术专科学校,是蜚声海内外的艺术名校,由刘海粟等人创办于1912年,几经搬迁,初建于乍浦路,于1922年搬到菜市路(今顺昌路)。建校之初,仅有绘画一科,专攻西洋画;1919年后,增设为四个专业和两个师范科,即中国画科、西洋画科、工艺图案科、劳作科、高等师范科、初等师范科。1947年,明确为五年制学校。

1949年上半年,我初中毕业,在报上看到上海美专招生,我就急于前去报考。我大哥从上海徐汇中学毕业后,在上海浦建公司工作,对上海比较熟悉,因此由他陪同我去报考。那天,我穿了件母亲为我新做的士林布长衫,天还没有亮,就从四团出发,步行三里到大团,乘机器脚划船(可载三十余人)。这时天才蒙蒙亮,船到周浦,大约十时左右,换乘小火车,到东昌路码头,再摆渡到黄浦江到十六铺,上海总算到了。我们吃了些点心,先去上海美专报了名,再到亲戚家去。这位亲戚住在杏花楼隔壁一条弄堂内,到亲戚家已经是下午三点钟了。

第二天一早,大哥带我到上海美专参加考试。上海美专在顺昌路(近方浜路)上,那是沿马路的一排楼房,在二楼窗框的上面用水泥砌成长方形的校牌,上有"上海美术专科学校"几个醒目的大字。大哥送我到门口就回去了。我向门房打听得考场在二楼,我就向考场跑去。考场的门虚掩着,我推进门去,看到一副景象,一个裸体女子躺在木板上,周围有七八个人在写生。我吓了一跳,急忙退了出来,心想走错门了。再去教务处打听,回答说考场就在那里,你来早了。原来考试上午九时开始,我八点多就到了。于是,我在走廊里等。大约等了半小时,参加考试的学生陆续到了,我就跟着大家进去。原来这是个大教室,一半作写生,一半作考场。上午考素描,画石膏像,规定在三小时内完成。听说这些石膏像都是校长刘海粟从法国带回来的,是国内最好的。我选了一个比较熟悉的头像,我在丰子恺的书中看到过,也临摹过。因此画得比较顺利。下午考国画,是命题创作,题目是《高山流水》,我临摹过《芥子园画谱》,所以这也不是难题。

第二天考语文、英文和绘画常识。我没有读过高中,只是以同等学历报考,因此语文英文考得不好,但绘画常识考得还不错。我读过丰子恺的《绘画入门》对绘画史、各种画派有所了解。

考完,我就回家等通知。其实,我对这次考试,心中也没有把握,只是想去试试看。谁知过了一个月,录取通知单来了。我和家里人都很高兴,但也平添了一层忧心,因为上海美专是私立学校,学费很贵,可我母亲还是东借西拼的凑足了学费,送我去上学。

我学的是国画,开始也学素描,画石膏像、画速写。班上同学年龄最大的三十岁,我最小十七岁。有个叫王永祥的同学(后为天津群众艺术馆馆长),个子最小,大家叫他"三毛",叫我"四毛"。当时上海刚解放,上海美专有个高年级同学方秀桐,他原是地下党,他找我谈心,发展我加入新民主主义青年团(后改名为共青团),宣誓仪式在震旦大学(今上海第二医学院)大礼堂里举行。方秀桐还介绍我去工人夜校上三年级的数学课,每月有一点津贴,可以自己解决吃饭问题。画国画要用宣纸,买了几张都舍不得用,平时常去方斜路废品收购站买废纸练习。

记得当时有位老师,笔名鲁加(真名不详),他也曾在上海美专学过,他去过延安鲁艺,向全校师生介绍了毛主席延安文艺座谈会讲话的精神,号召文艺工作者到工农兵当中去,到火热的生活斗争中去。鲁加的介绍,在全校师生中引起了一场大争辩,一派以原来的地下党为主,认为党的号召就是方向,应该积极响应;一派认为艺术自有它的特殊功能,不能为政治服务。两派争得不可交开,差一点在会场上打了起来。当时我年纪小,不懂理论,没有直接参与争论,只是个旁听者。但艺术家应该到火热斗争生活中去观念已经深深地扎根在我的心中。

七、一股热情参军去

1950年初，中国人民解放军海军江防舰队文工队来上海美专招生，说文工队需要舞美设计。当时我正在画石膏像，兴趣很浓，就问前来招生的同志，部队里有没有石膏像？那位同志说，如有需要，可以添置。我经过反复的思考，终于下决心报了名。其原因一是受延安文艺座谈会精神鼓舞。二是觉得搞舞美也不错，至少有一份与美术相关的工作，我听同学讲过，电影明星赵丹原本也是上海美专毕业的，他在拍戏之余，照样画画。三是我家的经济状况恶化，已无力负担我五年的学费。

当时报名的有十几人，但过了几天，有不少人动摇了，撤退了，最后坚决去文工队的只剩下三人，我是其中之一。另外两人是工艺图案科和艺术教育科的。我没有将参军的消息告诉家里，我怕家里人反对，如果家中若有人知道，我就肯定去不成了。

1950年2月的一天，我们三人告别了美专的老师和同学，在部队同志的带领下，要去部队报到了。晚上，我们在上海北火车站上了车，离开车还有十几分钟，突然要离开学校，离开上海，离开亲人，到一个陌生的环境中去，心中五味杂陈，真不知是何滋味，眼睛也有些湿润了。我转头向车窗外望去，那是一个大雪纷飞的寒冷的晚上，站台上冷冷清清的，送行的人很少。我看到一个熟悉的身影，穿着棉袍，打着雨伞，匆匆向我们的车厢跑过来。走近一看，原来是我们班的国画老师陈大羽先生，我连忙下车去迎接。陈老师还带着一盒蛋糕，赶来为我送行，他执着我的手动情地说："吴彤章同学，你是很有天赋的，没有毕业就去部队，很可惜！"老师的关爱，使我十分感动，我向老师保证，到了部队，我不会放弃国画的！

汽笛拉响了，我握别老师上了车。车轮开始滚动，雪花扑打着车窗，陈老师依旧站在站台上，向我挥手，他的身影渐渐消失着茫茫大雪之中。陈大羽老师是著名花鸟画家，家在广东，一个人住在美专的宿舍里。晚上，我们几个住宿的学生常去陈老师宿舍聊天和请教，因此关系特别亲切。"文革"时，他的一幅大公鸡啄迎春花的画，被污蔑歪曲成对社会主义的刻骨仇恨，打成现行反革命。这是我从报上看得的，以后的境况就不得而知了。

第二天早晨，我们的目的地镇江到了，走下车门，外面是素装银裹，白茫茫一片，仿佛来到了另一个世界。

| 1 | 3 |
| 2 | |

图1：圣果寺四团小学
图2：原上海美术专科学校顺昌路校址
图3：吴彤章参军后第一张照片

第三章　军旅生涯

一、艰苦的文工队生活

华东海军是新中国第一支人民海军部队，1949年4月在江苏泰州白马庙成立。张爱萍为司令。至1950年4月，华东海军已拥有第四、五、六、七共四个舰队，两万余人。江防舰队是华东海军第五舰队的前身。江防舰队文工队是解放后新建的，一切都在草创阶段，设备都很简陋。

我们到了那里，文工队的领导前来欢迎我们，接着发服装，有棉衣、棉裤、棉帽、衬衣、绑腿、袜子、跑鞋。女同志帮大家钉八一帽徽，以及部队番号的胸牌，老兵教我们系绑腿。住房是政府没收来的别墅洋房，但里面什么都没有，没有床也没有桌子椅子，我们睡的是一间大房间，二十来人挤在一起，地板上铺满稻草，一条大约七十厘米宽的床单，睡觉时都不敢翻身。被子很薄，睡觉时把棉衣棉裤都盖在上面。吃饭在隔壁用作排演厅的大房间里，没有桌子，一大面盆菜放在地上，大家蹲围着吃。主食以馒头为主，我不习惯馒头，尤其不爱吃馒头皮，我旁边的同志恰恰最爱吃馒头皮，我剥下的皮都由他包了。吃的菜以萝卜青菜为主，尤其是镇江盛产的水芹，几乎是每天都吃，逢到节假日部队杀猪，才能吃上肉。

当时部队实行供给制，每月只发少量的零花钱，只够买一块洗衣服的"固本肥皂"、一刀草纸、一瓶墨水和几张信纸。有一个新来的女同志，攒下钱买了一块香皂，被批评为"追求资产阶级生活方式"。

文工队排的第一个节目，是《黄河大合唱》，曾到焦山海军部队演出。两个月后，江防舰队文工队解散，队友分散到各地，我调到华东海军文工团。文工团共有一、二、三队、管弦乐队和军乐队共五个队。成员以三十军、三十五军原有的文工团为基础，吸收一部分来自各大专院校，一部分来自国民党的留用人员。张爱萍司令员亲自到处招延人才。听说东北伪满洲国有一支管弦乐队，由地下党把他们带到了苏州，在街上卖艺谋生。有一天，走来一位军人，看他们演了一会，上前问道："你们愿不愿意到部队去？"他们正走投无路，当然愿意参加部队。这支乐队后来就成了华东海军文工团的管弦乐队，这位军人就是华东海军司令张爱萍。

我到海军文工团分配在二队，是歌舞队，住在南京兴华门城墙下由铁皮盖成的营房里（当年日本兵曾驻扎过）。当时二队在南京中央大会堂演出话剧《思想问题》，接着又排了话剧《团结立功》。我们舞美人员也要跑龙套当群众演员。在《团结立功》一剧中，我们几个群众演员，扮演一支解放军部队，为表示部队的规模，我们从舞台的左面，冲向右边，再绕过天幕，又从台左冲向台右，如此反复多次。我们虽然只是过过场，但都要化装抹油彩。油彩涂在脸上很不好受，我就只涂半个脸，在后台候场时靠墙侧坐着，不让人发现。演出一结束，还没有卸装，由队长讲评，提出一些需要改进的地方。有人揭发我只化装半个脸。队长很惊讶，他并没有发现，于是让我把脸转过来。我只得将脸面对队长，这时，大家的目光都落在我的脸上，突然爆发一阵哄堂大笑，队长也笑了，但笑过之后，狠狠地批评我"把舞台演出当儿戏，很不严肃！"

我心里还感到委屈，觉得我化半个脸，既不影响演出，又可节约油彩。后来，队里组织学习苏联戏剧理论家斯坦尼斯拉夫斯基的戏剧理论，学习他的名著《演员的自我修养》，他有句名言"只有小演员，没有小角色"，主张演员要体验角色，与角色融为一体。使我认识到，队长的批评，还真有道理。

1950年10月19日，第一批中国人民志愿军入朝参战。文工团连夜排出活报剧《打倒美帝野心狼》，我人瘦长，队长让我扮演一个美国佬，还有一位矮胖的同志让他扮演南朝鲜的李承晚，我头戴绘有星条旗的高帽子，他穿一件贴上八卦的马甲。其他文工团的演员扮演中国志愿军和朝鲜人民军。第二天，打着"抗美援朝，保家卫国"的横幅，上街参加南京各界群众声讨美帝国主义的大游行。我们到新街口，就停下来，开演活报剧。围观的群众里三层外三层，围得水泄不通。当指挥带领大家唱"打打打，打倒美帝野心狼"时，志愿军和人民军一拥而上，把木枪对准"美国佬"和李承晚，此时我得举起双手，跪在地上，"李承晚"则龟缩在美国鬼子脚边，像只丧家之犬。

文工团里除了演出，开会、政治学习也多，而且我也有一些杂务要做，比如画布景，舞台装置等，忙忙碌碌，一直没有空闲。有一次休息天，大家都上街去了，我没去，我半年多没有画画了，我到部队时，带了两张宣纸、两支毛笔、半锭墨。我裁了一张四尺开三的宣纸，画了一幅传统山水画。同志们回来看见了，有的欣赏，问我哪里学的？我很自豪地说我是上海美专的，没有毕业就来参军了；有的则不以为然，认为方向不对。过了几天，队里开民主生活会，有人就这幅画展开批评，有的还上纲上线，说我迷恋封建地主阶级的腐朽没落的文化艺术，我当时低着头，一言不发，气得我三天没有讲话。后来队长帮助我提高思想觉悟，在每周一次的团组织会上，我做了检查，表示今后一定要提高觉悟，学好延安文艺座谈会讲话，总算过了关。

1951年春，华东海军司令部、政治部都迁往上海，我们文工团也跟着迁往上海水电路。这时，文工团五个队中的军乐队，合并到总政治部的军乐团，留下四个队，一队为话剧队，二队为歌剧队，三队为舞蹈队，四队为管弦乐队。我所在的二队，排演了歌剧《赤叶河》，导演赵彤（因为他年龄较大，大家叫他老赵彤）是国民党铁道兵演剧队来的，他知道我在上海美专学过，而上海美专的传统，就是强调个性，强调风格，符合他的美学思想，因此他点名要我担任舞美设计，要求风格化的布景。我在美专看到过这种写意的、风格化的舞美设计，心领神会，根据剧本中一段唱词"赤叶河原是荒山坡，从东到西二十里，自古有山没有路，粮食不长有三多，荒山多，枣针树林野草多……"，设计了几何图形的抽象的布景，导演很满意，但有些人不认可，说看不懂。

从我的舞美设计的争论，还引发出演员唱洋嗓子，还是土嗓子之争。国统区来的演员唱洋嗓子，解放区来的演员唱土嗓子，唱土嗓的演员讽刺洋嗓像驴叫那样难听，唱洋嗓的还击土嗓像金属划在玻璃上那样刺耳。谁都不买账，结果一个戏两种唱法，很不统一。

排戏的时候，队里人手不够，还得扮演一个群众角色。排戏前队长要求每个演员都要写"角色自传"，我扮演的角色是一个穷苦的青年农民，我写了几次"自传"都通不过。后来有个演员帮我写，才算通过了。到演出的时候，队长要求我们在后台酝酿情绪，我怎么也酝酿不起苦大仇深的情绪，脑子里一片空白。而我看其他演员，坐在那里一动不动，似乎沉浸在角色之中，有的还掉下了眼泪，我很佩服，深信自己不是当演员的料。

但学习斯坦尼理论，对我后来的美术创作深有启发。在排童话剧《幸福山》的时候，导演又让我任美术设计。我深入体会人物与剧情，发挥想象力，用浪漫主义的夸张手法，色彩艳丽，充分渲染了童话的趣味。在上海长江剧场演出后，不但得到文工队同志们的赞扬，也得到上海戏剧界专家们的好评，在开座谈会的时候，市里专家让我谈谈创作体会，我涨红了脸，说普通话讲不好，推辞了。队长为我解围说："小吴比较腼腆，平时说话也不多。"其实，我说普通话带着浓厚的浦东口音，常被队里同志取笑。我虽然没有发言，但大家都肯定了我的成绩，部队给我记了一次四等功。

1952年，海军文工团整编为一个歌舞团，编余人员调基层工作，文工团团长朱步营调到海军舟山基地文艺处任处长，我被调到海军舟山基地后勤部警卫一连，任文教助理。从此，我一直在舟山基地，直至转业，离开部队。

二、在舟山荣立二等功

　　舟山群岛地处我国东部黄金海岸线与长江黄金水道的交汇处,它由1 390个岛屿组成,宛如无数璀璨的珍珠,洒落在东海广阔的洋面上。它是我国最大的渔港,更是优良的军港;历史上这里曾是反倭抗清斗争的最前线,也曾是鉴真东渡、郑和下西洋的中转站。1937年"八一三事变"前,侵华日军海军司令部曾设在这里;1950年初,国民党几次轰炸上海,飞机也是从这里起飞。1950年7月舟山群岛解放,10月中国人民解放军海军进驻,成立海军舟山基地。分配我去的部队是基地的后勤部警卫一连,驻扎在舟山岛的一座小山上。我到一连报到,就住在山上新建的营房里。

　　小山顶上有一座道教的道观,名东岳宫。里面的神像都已清理出去,显得空空荡荡,但四角高挑的飞檐、斑驳而依旧庄严的庙墙,诉说着历史的沧桑。东岳宫坐北朝南,面对海湾。我站在山顶上,眺望大海,蓝天白云,碧海金沙,仿佛来到了蓬莱仙境。庙门外有块场地,场地边上有四间新建的营房,这就是我们警卫一连的连部,营房对面有一气象站,当台风来的时候,就升起黑色的球,台风级别越高,挂的球越多。记得有一次刮台风,风力达12级,我想体验一下台风的威力,就穿了橡胶雨衣跑到山下的码头上,先是正面对着风,不一会感到无法呼吸,只得转身,突然一阵大风重重吹到背上,把我吹出一丈多远。

　　我们警卫一连的任务是保护弹药库的安全。共有四个弹药库分散在方圆数十里的山洞里或古庙之中。每个弹药库都有一个排守卫。解放初,全军开展"文化大进军"运动,我的任务就是到各排轮流为战士上扫盲课。开始,我每天从连部出发,一个排一个排地去上课,最近的一个排,也要走十几里山路，而且，还要为站岗的战士补课，因此等我回到连部的时候，天已经黑了。当时舟山群岛解放不久，山里有国民党的特务活动，白天还有国民党的飞机骚扰。连部派一个战士陪着我，我的军用背包里一直放着颗手榴弹，以防不测。后来，我向连部提出，干脆住到四个排中地处中心的一个排去，这样可以节省不少时间。连部同意了。

这个排驻扎的山坳里，有一座古庙，三面环山，一面有条小路，可通外面，弹药就放在古庙里。古庙的周围，围了两道铁丝网，庙门口有两个战士站岗，荷枪实弹，每两小时换一次岗。守卫排的营房就在五十米开外。我一个人住在庙里殿前的戏台上。戏台三面用木板围起，戏台后侧有一小木梯，我就从这里进出。戏台上方有飞檐斗拱，木板无法封满，遇到台风天气，里面桌上的书籍纸张，吹得漫天飞舞；到了冬天，里面外面是一样温度，睡觉时，连棉衣、大衣、雨衣统统盖上。我负责三个排的扫盲工作，这三个排相隔三四里地，我上午先去最远的排，最后回到住地的排上课。我每天风雨无阻，即使感冒发烧，也不请假；有一次，下大雨，山洪暴发，路边的小河水没过路面，有膝盖那么高，我拿了根竹竿探路，也坚持去上课，战士们见了都很感动。

战士们大多农村出身，没有上过学。有人记性好，一个生字讲几遍就记住了；也有人记性差，反复多次都记不住的。我就用看图识字的办法，画了一张一张图画，生字写在边上，这样就容易记住。还有一个办法，把"门"字贴在门上，把"床"字贴在床上，把"枪"字贴在枪上，如此等等，见物识字，而且每天都能看到，加强了记忆，效果不错。有个叫黄云管的战士，接受能力较差，前读后忘记，自己信心都没有了。我除了思想上鼓励他，还用看图识字法、见物识字法，加以重点辅导，大有进步，得到了两次优胜红旗。我负责的班里，没有一个战士掉队，考试平均成绩在90分以上，都摘掉了文盲的帽子。我得到海军舟山基地后勤部政治处通报表扬：

吴彤章同志自到警卫一连任助教工作以来，积极苦干，钻研业务，改进教学方法，在教学上非常耐心，善于找标本、图画、做手势，又以各人的习惯来帮助学习，课后不辞劳苦不顾休息，对接受能力较差的或缺课的同志进行补课，能发挥群众力量，组织推动学习——以他坚强的决心，与风雨、疾病作斗争，克服困难，完成了教学任务——在同志们的心目中，"吴教员到那里，那里就能得红旗"。事实也是这样，他负责的班级，没有一个掉队，平均成绩在90分以上。为此通报表扬。

1952年11月，我因在文化教育中成绩显著，评为基地文化教学先进工作者，记二等功，并获"后勤模范"的光荣称号，出席了海军基地英模大会，1953年1月，又出席了华东海军英模大会。一人立功，全家光荣。喜报送到我老家奉贤，县里派人将我母亲接到县城南桥，参加了荣誉军人表彰大会。我不知道母亲当时有什么感受，作为儿子的我，平时不能在母亲身边尽一份孝道，此刻，算是让母亲得到了一丝精神上的慰藉。

三、开展部队业余美术活动

我本是学国画的，但到部队里搞舞台美术，一时用不上。文工队里的布景都是用水粉画的，而且几位老同志对我说，国画是封建士大夫阶级的东西，不能学。我虽然喜欢国画，但在这样的环境中，只得暂时放下。到了舟山，我的任务是帮助战士扫盲，每天忙得连睡觉时间都不够，根本不可能画画。

1953年，海军文化部提出文艺工作者归队，海军舟山基地文艺处的处长原是文工团的副团长，他了解我，就将我调至文艺处任文艺指导员，任务是开展部队业余美术活动，此时才有了画画的条件和机会。舟山基地政治部与基地司令部在一起，离东岳宫约半里处。前面一排十间二层的房子是司令部，后面也有一排房子是政治部，再后面是大礼堂，我就住在大礼堂前政治部的二楼。每天晚饭后，沿着海边散步，经过东岳宫，可以走到一个荒废的飞机场。这个飞机场是当年日本人修建的，多年不用，荒草连天。机场里有个海军俱乐部，属政治部文艺处管辖，有乒乓室、棋牌活动室、舞厅、影剧场等等场所。舰队战士出海归来，都到这里来休闲活动。俱乐部属政治部文艺处，我举办美术学习班，也在那里。

办学习班，先发通知到基地所属各连队和舰艇，每期十来人，开始战士们都带行李，后来条件好了，有了士兵招待所，他们就住在招待所里。参加学习班的人员，有炮兵、轮机兵、讯号兵、警卫员、电影放映员等等，前后有数十人之多。

这些战士大多没有绘画基础，学习内容也是根据各人的兴趣爱好来选择。有的学速写，有的学水粉，有的学剪纸，有的学木刻，我是根据不同对象,作个别辅导,也算是因材施教。例如,有一个学员,原是炮兵,平时推大炮,装炮弹都要用大力气,当他拿起轻飘飘的铅笔的时候,就很不习惯,不知所措。他刚来时,我拿出铅笔和铅画纸,让他随意画些什么。他拿起铅笔朝下一按,铅笔芯就断了。我让他轻一点再试,结果,不仅铅笔芯断了,而且纸也戳破了。我让他再轻点,他紧张得把铅笔悬空,不敢碰纸。我考虑了一下,觉得让他画画,是有力无处使,让他学木刻试试。结果如鱼得水,刻得粗犷大气,找到了适合他的艺术样式。

学习班每次总有一二个学得好的,有的就留下来继续学习,有的成了我的助手,我们成立了一个美术小组,到连队去辅导,布置连队俱乐部,写大幅标语等等,很受欢迎。

四、尝试油画创作

我有了绘画的机会，就托人或利用出差的机会，到上海和杭州去购买画册、画布、颜料等绘画工具，开始学习素描和油画。上世纪五十年代，上海常有苏联的油画展览，从俄罗斯巡回展览派、批判现实主义大师列宾、苏里科夫，到风景画家希施金、列维坦等等。有一次我去观摩了苏联的油画展览，我买了几张苏联油画的印刷品，作为学习的教材。我第一幅油画是临摹苏联名画聂普林采夫的《战地小憩》，挂在大礼堂的进门处。油画描绘的是苏联卫国战争中，一支苏联红军经过一次胜利的战斗后，在树林中休息，指挥员讲述着敌军被打得落花流水的狼狈相，引得战士们哈哈大笑——整个画面洋溢着革命乐观主义气氛。正巧一位军事顾问苏联海军专家到基地大礼堂看文艺演出，一进门看到了这幅油画，非常激动，也许这幅画的内容，与他参加卫国战争的经历引起了深深的共鸣，但他并不知道，这幅画的原作者是苏联画家，以为一位中国画家，画了苏联的卫国战争，对苏联的卫国战争充满的感情，因此想会见这位中国画家。当时部队有严格规定，不是作战参谋部的同志，不能与苏联专家接触。后来通过翻译向他解释了这幅画的来龙去脉，此议就此作罢。

1957年总政举办"解放军建军三十周年画展"，向全国征稿。当时华东沿海，战事频发，国民党的军舰经常前来挑衅，庆功会、追悼会轮流着开。舟山基地、福建前线出了几位战斗英雄，全军流传着这样一句话："谁想当英雄，就要去华东。"有一次我军的鱼雷快艇，将国民党的大兵舰"太平号"击沉，基地召开了庆功大会，士气高昂，大家都沉浸在欢乐之中，此情此景给我留下了深刻的印象。我以此为题材，在艺术处理上，借鉴了苏联油画

《战地小憩》，把具体场景放到军舰上，创作了一幅《胜利归航》，先画了素描稿，打算画成油画。这时，上海一位油画家孟光先生，到舟山体验生活，看了我的素描稿，提出与我合作，我同意了。画成后送北京参展，获得好评，被解放军总政治部收藏。

一般到舟山来体验生活，来采风的画家都由我接待。孟光要去海边写生，我告诉他，这里是前线，不允许写生，还是到普陀山参观一下庙宇。我从基地政治部开了介绍信，到了普陀山，与驻扎那里的团长联系，团长接待了我们，他向孟光解释，这里是前线，到海边写生容易引起误会，广东曾发生误杀画家的情况。我们舟山，也发生过巡逻哨兵把一位正在写生的海军画家押起来的误会。

团长所说的广东事件，情况是这样的。南海舰队有一位画家叫柯华，他陪同一位广州的画家到海边写生，那天他没有穿军服，事先也没有与当地驻军联系，但带了南海舰队文化部的介绍信。正巧碰上两个巡逻的战士，以为是国民党特务，在绘制军事地图，因此用枪对准他们。柯华解释他们是画家，到海边写生，当时的战士大多来自农村，不知道什么是写生。柯华解释不清，就伸手往裤袋拿介绍信。那个战士以为他要掏枪，就抢先扣动扳机，还有一个战士是新兵，见老兵开了枪，他也扣动了扳机，结果两位画家都被打死了。这一惨剧震惊了全国美术界，也在全军通报，大家都知道。但团长不认识我，他不知道发生在舟山的那次事件的主人公就是我。

那是我调到文艺处不久，兴冲冲地到海边去写生，事先也与海岸炮连联系，我怕引起误会，先住在海岸炮连的连部，让全连战士都认识我，还特地穿了军装，戴了军帽。第一天没事，第二天也没事，可是天气太热，当时气温达34摄氏度，穿着军服实在受不了，况且这两天来，海边一个人影也没有。所以，第三天我只穿一件衬衣，就到海边，躲在树下写生。这时突然出现两个巡逻民兵，用枪指着我大声问道：

"什么人？你在干什么？"

"我是海军的,画画。"

"海军? 画什么画?"

"画对面的山。"

"派什么用处?"

"参加展览。"

"哪有这种展览! 跟我们走!"

"我跟你走,你不要用枪对着我,小心走火——"

"少啰唆,走!"

我一路上反复解释,他们根本不相信。我只得被押着,走了半个小时,来到陆军的一个兵营,战士们都好奇地围过来看被民兵抓到的"国民党特务"。一位连长态度很严肃地审问我,并与海军海岸炮连通了电话。接电话的是炮连的指导员,指导员向连长说明了情况,连长还是不让我走,怕我冒充,要指导员亲自来把我领回去。我在陆军连部待了一个多小时,两个民兵始终站在旁边监视着我,直至指导员来了,连长才放松下来,表示抱歉,让指导员把我带走。两个民兵也悄悄地离开了。

之后,我不轻易去海边写生。

五、回归国画

　　1958年中国海军举办第二届美展，海军总政向所属各部队发出征稿通知。基地领导让我参加美展，但画什么呢？经过再三考虑，我决定创作一幅有关大海的作品。那是我年轻时候的一个梦想，一个情结。我青年时代，爱读普希金、莱蒙托夫、高尔基的作品，特别是高尔基的散文诗《海燕》："在苍茫的大海上狂风卷着乌云，在乌云与大海之间，海燕像黑色的闪电，在高傲地飞翔——让暴风雨来得更猛烈些吧！"海燕，这个象征革命者坚强无畏战斗精神的艺术形象，深深地感染着我，我一直想画一幅暴风雨中的海燕。因此，每当刮台风的时候，我都要到海边去观察，亲身体验在暴风雨中的感受。可是，我们基地所在的定海，是一个港湾，外面被许多小岛围着，即使十二级台风来袭，海浪也不会很高。每年冬天，新年到来之前，我借着到下面海岸炮连帮助布置俱乐部的机会，非常注意选择画海浪的最佳地形，发现普陀山南面朱家尖岛外的两个小岛，岛与岛之间，有一条大约五十米长的小路相连接，涨潮时被海水淹没，落潮后可走人。小岛由海岸炮某连驻扎，他们在小路口的岩石上，用钢筋水泥建了一个岗亭，三面有窗洞，一边是门洞，落潮时有战士站岗。两岛之间形成喇叭口的地形，就是落潮时，海浪也很高，是写生海浪的最理想的地方。

　　这次，我带着创作任务，决定到朱家尖小岛上去写生。正巧，广播里传来台风即将登陆舟山的消息，我拿起全套油画工具，趁船还没有停航，火速赶到海岸炮连。第二天果然狂风大作，我在岗亭里摆好油画架、油画框，快速捕捉海浪的形体。海浪很大，水珠不时打进窗来，溅到画布上，衣服也都打湿了，我全然顾不得。海浪越来越大，我也越来越兴奋，浪头高到四五层楼，我还在高呼"让暴风雨来得更猛烈些吧"！这时突然一个巨浪铺天盖地打来，把整个岗亭淹没，眼前一片迷糊，气也憋住了，只感到有一股巨大的力量将我朝门外吸，我急忙拉住窗框，等这一浪退下去，画架、画板、画笔、颜料统统被大浪卷走了。

我趁第一浪退去，第二浪尚未来到前，逃出岗亭，没走几步，第二个巨浪向我扑来，我急忙跳入两块礁石之间的凹隙里躲避。海水在我头顶上没过，我屏住呼吸，待海水退去，只听得指导员、连长和战士在呼唤，趁第三浪未到之际，把我救了回去。一位战士提来一桶岛上稀缺的淡水，给我冲洗掉身上的盐水，换上连长的衣服，喝了一碗姜汤，才回过神来。过了三天，台风停了，我回到基地。

我的办公桌上放着一张海军画展的征稿通知，面对这张通知，我很惘然，画展日期迫近，当地买不到油画工具，又逢台风季节，出不了岛，怎么办？不参加吧，舟山基地成了空缺，不管从哪个角度看，都不合适。我反复考虑，想起舟山岛上有个陆军要塞文工团，有个姓张的美术干部，他是画国画的。我平时与他有联系，遂向他借了几张宣纸，重新拿起毛笔，开始了国画创作。我根据平时在舟山积累的素材，画了一个海军战士帮助农民春耕的国画《耙田》，寄到北京海政文化部。文化部肖部长很喜欢这幅画，说有点像齐白石风格。那时海军中没有一个画国画的，海军政治部通过东海舰队把我借调到海军政治部的美术创作组，开始了专业的国画创作。

1959年秋，我带着创作任务去宁波镇海县仰岛湾东海舰队"快六"部队采访。这是一支鱼雷快艇部队，在前不久一次金门海战中，一艘175鱼雷快艇，将国民党一艘大军舰击沉，但自己也被敌舰击中，落水的战士后被渔民救起。在战斗过程中，有着许多可歌可泣的英雄事迹。其中有一个一等功臣杨列章，他在落水后与海浪搏斗的生死关头，将救生圈让给身边的战友，自己在大海中漂泊了两三个小时，直至被渔船救起。"快六"大队长将杨列章介绍给我，让他陪我去采访，去写生。还有几个立一等功的战士，在浙江疗养院疗养，我也一一前去采访，最后创作了《175英雄艇组画》。这幅组画分五个部分：一、敌舰被175艇击中起火下沉。二、175艇也被击中起火，在缓缓下沉之前，战士们肃立行军礼。三、有一个溺水的战士在海浪中被几个战士托起，他挣扎着从口袋里摸出几张纸币，缴了最后一次党费。四、渔民奋力抢救落水的战士。五、部队领导到渔民家中接回被救起的战士。

1959年底，"海军第二届美展"在北京中国美术家协会展览馆举办，我有六幅国画作品参展：《耙田》《碧海红心》《幸福的时刻》《北京风光》（三幅）。其中《幸福的时刻》由《人民日报》发表。《碧海红心》是《175英雄艇组画》中的第三幅，后收集在"海军第二届美展"的画册之中。

那个陪同我一起采访的一等功臣杨列章，也喜欢画画。他将平时习作拿给我看，觉得他有点基础，后来我回到东海舰队，就推荐他参加美术创作学习班。他创作了一幅国画，参加了"海军第二届美展"。之后，他被送到北京国画院进修，成为著名的军旅画家。

1960年9月，"全军第二届美展"在北京举办，我有七幅国画作品参展：《师生图》《175英雄艇组画》《少数民族参观团》《三年归报霸王鞭》《民校放学》《北京风光》写生两幅。

六、与刘少奇、王光美合影

　　那是1958年冬天，全国人大常委会委员长刘少奇和夫人王光美到舟山海防前线视察。一天，基地文艺处处长朱步营通知我，带上绘画作品的照片和战地速写本到基地的高干招待所去，没有说去做什么，只让我去找所长，有点神秘兮兮。我到招待所所长办公室，看见两个写诗歌和写剧本的文艺骨干，已经等在那里。所长告诉我们，刘少奇和王光美要接见你们。我们听了十分惊喜，各自带上作品，随所长来到首长休息室。见了首长，我们行了军礼，刘少奇站起身来与我们握手，王光美让我们坐下，并亲切地与我们聊起家常，她问我们：家在哪里？那一年参军？爱好那类文艺？有哪些创作作品？等等。我们一一作了回答。

　　刘少奇王光美看了我的绘画作品，称赞人物画得很生动。我告诉首长，《胜利返航》这幅画参加了"解放军建军三十周年美展"，被总政治部收藏了。刘少奇说："很好，海军还是个年轻兵种，应多反映海军的战斗生活。"王光美翻了翻另两位文艺骨干的诗歌和剧本说："这些暂时放在这里，过几天请所长同志还给你们。"接见时间差不多了，所长提议与首长一起合影留念。征得了首长的同意，我们就在休息室里，请摄影师摄下了这宝贵的瞬间。

　　一个星期后，所长来电话，让我们去招待所取照片。这是一张七寸的黑白照片，中间坐着刘少奇和王光美同志，我们三人站在后边，两旁还有所长和两位服务员。这张照片我一直小心翼翼地珍藏着。

七、画水军史请教故宫专家

　　1959年初，我被借调到海军政治部美术创作组，为"海军第二届美展"作创作准备。当时北京正在筹建中国人民革命军事博物馆，其中有个海军馆，拟定要画几幅中国历史上有名的水军作战图。这个艰巨的任务，交给了浙江美术学院，因为浙江美术学院国画系实力雄厚，有一批如李震坚、方增先、周昌谷、宋忠元、顾生岳等优秀的中青年教师。具体由东海舰队文化部去落实。我是属于东海舰队的，虽然我另有创作任务，但东海舰队文化部朱振铎部长还是带着我一起到了浙江美术学院。美院的老师们非常支持，但缺乏资料，希望我们提供。我们带去的是文字资料，他们希望提供的是具体的形象资料。尤其是郑成功收复台湾，梁红玉擂鼓战金山，元末鄱阳湖水城大战等六幅历史画，需要具体的形象资料。大家商量下来，这些资料只有到北京故宫博物院才有可能找到。

　　时间紧迫，朱部长立即与浙江军分区联系，得知当晚7点，有一架军用运输机从宁波空军机场飞往北京，决定由我与潘天寿院长的秘书叶长青同志乘飞机同去北京。很快，浙江军分区派来了一辆吉普车，我们两人坐上汽车赶往宁波，晚上6点，到达空军机场，7点，飞机准时起飞。

　　飞机上有五六个军人，还有几个沙包。据空军同志说，七八个人不够重量，飞机飞不稳，必须加几袋沙包。因为是晚上，窗外是黑黝黝一片，向下看，偶然看见稀疏的灯光。大约飞了一个小时，飞机降落在徐州机场加油，十多分钟后起飞，又飞了一个来小时，突然发现地面上灯火辉煌，犹如天上的繁星，其中有两条交叉笔直的灯光，有人叫起来："北京到了，北京到了！"叶秘书和我都是第一次到北京，见如此壮观，心里都非常激动。飞机在北京上空盘旋了一圈，就降在空军机场。这时海军司令部的一位参谋已在机场等候。我们乘上他的吉普车，直接开往海军高干招待所。招待所在公主坟海军司令部的西边，安排好住宿，参谋同志交代明天的日程，早晨7点早餐，9点他来接我们，先到北京文史馆，接一位原国民党海军文职少将，然后由他陪同我们到故宫博物院。

这一夜我们从汽车到飞机，从南方到北方，经历之多是前所未有的，尤其听参谋说明天要经过天安门，我们都兴奋得久久不能入睡。蒙蒙眬眬睡了一觉，醒来一看表，才2点多钟，但再也睡不着了。吃过早饭，等参谋同志到来，感到时间特别长。9点整，参谋的吉普车准时到了招待所门口，他给我们两封由海军司令部签发的介绍信，一封给北京文史馆，一封给故宫博物院。车子开过海军司令部，参谋下了车，由驾驶员先送我们到北京文史馆。馆长接待了我们，并介绍了一位六十开外的老先生，高高的身材，面目清秀，文质彬彬，说一口标准的国语。听馆长介绍，他是中国海军史数一数二的专家，但对我们两个年轻人，态度也非常谦和，给我们留下很好的印象。

由于时间紧迫，我们不敢多谈，表示感谢后匆匆向馆长告辞。当车子驰过天安门的时候，看见天安门被脚手架、安全网遮挡着，无法看到它的雄姿，真是大失所望，十分遗憾。天安门广场上堆满水泥、钢筋、木材等建筑材料，成了一个大工地。人民大会堂、中国革命历史博物馆正在热火朝天的建设中，已显露出它们宏伟的轮廓，很震撼人心。我们的车很快进了东华门，到了故宫博物院的办公室。院长看了介绍信，又见我们两人都背着写生夹，问："你们都是画家？"我介绍道："这位叶长青同志是潘天寿院长的学生，现在是潘院长的秘书；我是海军部队的。"院长让一位工作人员陪我们进库房。

故宫博物院原是明清皇宫的一部分，我们去的那个库房，是个偏殿，里面放着古代的各种盔甲、兵器、旗帜，可谓琳琅满目。据文史馆老先生说，这些都是明清时期留下来的东西。我们正在仔细观看时候，工作人员从别的库房拿来了一批古画和古籍,古籍里有不少木版插图;文史馆的老先生又向我们描述了宋、元、明、清时期战船的各种样式、作战方式、水战武器、指挥旗号、服饰等级等等,凡没有实物图样的,我们照老先生的描述画出初稿,请老先生过目,渐次修正,直至最后确定。

我们没有照相机,所有图画资料全靠我们两人画下来,颜色用文字标出。每天从上午9点到下午4点,中午不休息,只吃些面包,这样整整三天,总算完成了任务。第四天上午,抓紧时间,逛了王府井大街、琉璃厂文化街,下午就乘火车返回上海。我记录的全部形象资料,都由叶长青同志带回浙江美术学院。

后来,在浙美创作水战历史画过程中,朱部长与我多次去浙美审稿,我也提出一些修改建议,朱部长和浙美的画家们,都很重视我的意见,作了相应的修改,终于完成了海军总政治部交下来的重大任务。

八、福建前线下生活

1961年，福建前线的形势十分紧张，蒋介石大造反攻大陆的舆论，同时从他们盘踞的金门向厦门炮击，战斗英雄安业民就是这次战斗中牺牲的。当时我已借调到海军政治部的美术创作组搞创作，领导让我们到福建前线体验生活。我与另外两位搞文字创作的同志同行。我们从北京出发，乘火车到了鹰潭，再转车去厦门。谁知从鹰潭到厦门，无论公路，还是铁路，都挤满了部队，兵车、炮车络绎不断，似乎觉得各地的部队都在向福建前线结集调动，战争气氛十分浓厚紧张。我们在鹰潭滞留了两天，才得通过。

到了厦门，厦门原来是个离岸的岛屿，解放后部队在那里筑了一条长长的海堤，两岸连了起来。我先去了海岸炮连，这是安业民烈士生前所在的英雄连队。

海岸炮连驻扎在厦门岛前沿一座小山上，面对金门岛。每门大炮都有一个钢筋水泥的庇护所，有二十平方米大小，里面除了一门大炮外，还有炮弹、钢盔等物。每个庇护所之间有一人深的战壕相连接，形成一个海岸炮阵地。当时安业民所在部队与金门的国民党军进行炮战，金门打过来的一发炮弹击中庇护所，引起了大火。安业民忍着伤痛，在牺牲前一刻，坚持把已上了膛的炮弹发了出去，充分体现了我军战士的革命英雄主义精神。我拿起画笔，在安业民牺牲的庇护所墙上，画下了一棵昂首挺立的青松，表达对烈士的深深的敬意。

金门的国民党军除了打过来真实的炮弹外，也常常打来宣传弹，都是一些乱七八糟宣扬资产阶级生活方式的传单。我们也会用放风筝的办法，将我们的宣传品回敬他们。我们在风筝上写上"弃暗投明""走向光明"等几个大字,宣传党的政策。每当刮西风的时候,数十只风筝放到高空,然后将线割断,断线的风筝,会随风飘落在金门岛上。我在厦门前线还采访了建设鹰厦铁路的铁道兵,以及当地农民、渔民、民兵、学生。后来我创作了国画《英雄厦门岛》长卷。

《厦门英雄岛》长卷宽一米,长四十米,从八个方面描绘了福建前线的战斗生活。一、战士们铺下最后一根铁轨,鹰厦铁路落成典礼。二、一群小朋友向金门敌军放飞宣传风筝。三、海防、生产两结合,打靶、收割归来。四、建造海岸炮阵地,一群战士推炮上山。五、民兵支前,运送炮弹。六、全国各族人民慰问团载歌载舞慰问前线军民。七、几个戴红领巾的小学生正在帮助接通军用电话线。八、全民支前,炮击金门。这幅长卷的创作,化了半年多时间才完成,参加了1962年的"海军第三届美展",《浙江日报》《解放日报》《解放军画报》《海军画册》都先后刊登。原作已捐赠给上海金山区档案馆。

九、我与妻子张新英

我与张新英是远房亲戚，在我们十一二岁的时候，双方父母为我们订了亲，平时也有往来。我初中毕业考入上海美专，母亲为我筹集学费的时候，新英拿出她的积蓄，全力支持我上学。我参军后，文工团从南京迁到上海。不久，新英进了上海太平洋织造厂当工人。我得知消息很高兴，逢休息天的时候，我就去看她。那时，以农村习俗来说，我们都到了结婚的年龄，但部队管得很严，士兵不准谈恋爱。我调到舟山以后，只能通过书信保持联系。新英用第一个月的工资，买了毛线，为我结了一件毛衣。我没舍得穿，部队里有衣服供应，而我二哥宪章在东北念书，没有寒衣，我将毛衣寄给了二哥。

我到舟山不久，就提升为军官，那时军人结婚的条件也放宽了些，我获得结婚资格后，就打报告请假回上海办了结婚登记。什么仪式都没有，没有领导的证婚，没有家人（我父母已故）的祝福，没有婚房，没有酒席，就在新英的工厂附近，借了间小旅馆，请她厂里几个姐妹来吃喜糖，就算成亲了。那些年，我每次回上海，都住在旅馆里。

1958年新英生了一对双胞胎儿子，因为上海没有家，只得让岳母带回奉贤乡下喂养。所以这两个孩子是吃奶粉长大的。后来，通过部队组织，向卢湾区政府申请解决军属的住房，区房管所批给了我们一间十六平方米的房间，在重庆南路三德坊。开始岳母来上海领外孙，后来居委会通知，非上海市区户口的人不准留在市区，岳母只得回去。这样新英在工厂里要上班，而且三班倒；一面要带领两个孩子，两副担子一肩挑，够辛苦的了。

两个男孩在家里无人看管，很容易出事，新英想了个办法，让他们画画，下班回家就评画，画得好的予以表扬并贴上墙，差的就扔在字纸篓里。

这样两兄弟无形中展开了绘画竞赛，没时间顽皮了。每当我休假回家，两个孩子特别兴奋，让我评画，在他们心目中，爸爸是画家，是权威。我先看贴在墙上的画，再看扔在字纸篓里的画。问这是谁挑选的？孩子回答是妈妈选的。我看墙上的画确实比字纸篓里的好，心想新英还有点欣赏能力，但并未意识到她有绘画的天赋。那时我刚到亭新供销社工作，没有辅导农民画的实践和经验，不会想象到一位从来没有画过画的普通纺织女工，会走上绘画的道路。她自己也不知道有这种潜质。

1960年我借调在海军文化部美术创作组画宣传画，正逢国家三年经济困难时期，部队机关的粮食供应非常紧张。我见海军机关大院，堆满了树叶，据说是准备度饥荒用。食堂里饭桌上的酱油瓶、醋瓶也都收掉了。不少同志的脸上开始出现浮肿。我们每天都吃不饱，上午一到10点钟就饿得心发慌，手发抖，没法再工作。有一天得知海军供应站有卖果子酱，美术组的同志清洗了两只大笔筒，跑去排了很长的队，结果买来的是枣子皮水，没有一点甜味！后来东海舰队来电，让我去上海参加舰艇的"思想教育工作"。我听说上海的供应比北京好，盼望早一点回上海。当我上火车的时候，与我一起画画的北海舰队的杨争跑来送我一只窝窝头，说一路上没有东西可买，你带着吃。我很感激他，一天一夜就吃这个窝窝头到了上海。

我家在上海，先回到家里。家里配给的是标准面粉，新英为我煮了一碗青菜面疙瘩汤，平时我不爱吃面食，但这次感到特别好吃。第二天，我与舰队宣传部的两位同志到了海军吴淞口码头，登上一艘军舰，舰上的舰长、指导员和水兵们热情欢迎我们。这年苏联专家已撤走，但舰上的伙食供应还按照原来的规定执行，吃的是奶油、面包、罐头、水果，一星期有两天可吃上米饭、热菜，还有猪排、鸡肉。我们私下里说，舰上过的是天堂般生活，还搞什么忆苦思甜的思想教育！

我在舰上享受了一个星期的"口福"，开始对油腻食品感到恶心，甚至想吐，身体感到十分疲劳。舰上的军医陪我去海军医院，检查结果是得了乙型肝炎，必须隔离治疗。护士帮我通知我妻子。新英得知，带了些生活用品到医院看我，但我只能站在二楼阳台上与她说话。大约在医院住了一个月就出院了，但病情不稳定，反反复复，又多次住院。我对自己的身体彻底丧失了信心，对新英说，"我能活到四十岁就心满意足了（这年我二十七岁）"，新英安慰我说，"我要保你活一百岁！"

实际上她是非常担忧的，到处打听偏方、土方。有一次他听说厂里有个姓华的师傅曾得过严重肝炎，后来治好了。于是去讨教。华师傅告诉她，自己原是延安兵工厂制造枪炮的，因得了肝炎，出现了肝腹水，经周恩来亲自批准，让他回上海治病。他也想在死前回上海老家看看两个孩子。回到上海后，通过朋友介绍，他到老城隍庙找到一个九十多岁的老中医，老中医看了他的病情后，摇头说："你来得太晚了，已无药可救！"他绝望了。老中医又说："有一个土方，你可以试试。到川沙觅一只越大越好的甲鱼，不要杀，用水洗了，放在砂锅里，加三斤冰糖、三斤红枣、三斤黄酒，用绳子将砂锅扎牢，涂上厚厚的河泥，放在2米多高的麦柴堆里，点上火（麦堆有黑烟，无明火），煨三天三夜，煨酥了拿出来吃。"华师傅按此土方，果然治愈了肝炎。新英也到川沙买到了一只七斤重的甲鱼，照老中医的方法煨熟了。我吃了一个星期，肝腹水慢慢退了下去，之后又经常吃甲鱼，想不到我的严重肝炎，竟然大大好转了。于是新英在菜场里见甲鱼就买，不久，检查转氨酶指标也正常了！我转业后，也经常吃甲鱼，加上体育锻炼，我的体质开始强壮起来。

新英提前退休了，因为她进厂时，厂办公室工作人员把她的年龄搞错了，她发现后向厂党委书记提出更改，书记说，大两岁没有关系。这样，到1979年就退休了。然而塞翁失马焉知非福，我插队落户的大儿子树志轧进了"顶替"的末班车，进了太平洋织造厂，14日办好手续，三天后，17日全国拦断了"顶替"政策。

太平洋织造厂是生产被单的，树志进厂先分配在美工室画设计图样的白描稿，设计师对他的白描稿很满意。后来厂领导要安排亲戚进美工室，把树志调到印花车间。他有个同学告诉他上海铁道医学院在"文革"中，人体解剖的教材都被烧了，现在要恢复教材，需招一位美工，画人体解剖。

树志就去应试，三十多名考生，树志考第一，被录取了。我与新英到厂领导那里要求调动树志的档案。厂领导说："你们先把后门开起来！"对此，我们感到非常无奈。后来，我的好朋友美影厂导演阿达出手相助，找了轻工业局一个美术设计师，由轻工业局出面与厂里联系，总算解决了问题。

老二树红，中学毕业分配在上海大众剧场当美工。他创作了电影宣传画《小字辈》，在全国展出时得了三等奖，组委会通知他去北京领奖，可大众剧场的领导将通知锁在抽屉里不告诉他，等他知道已过了期。"文革"后，上海石化工人俱乐部要美工，我就推荐他去了。金山撤县建区，石化工人俱乐部与金山区文化馆合并，现在他就在金山区文化馆当美术干部。

除了两个儿子，我们还有一个女儿江月。三个孩子都是新英一个人带大的。我们对孩子没有什么特别的期望，只是教育他们要走正道，要认真工作，要自力更生。我们常对子女们说，父母培养到你们长大成人，参加工作，以后成就的高低，生活的优劣，都靠你们自己的努力了。你们成家之后，我们之间关系就是一种朋友关系，亲戚关系，互不干预。三个子女都认同我们的理念，他们都在自己的岗位上认认真真工作，老老实实做人。逢年过节他们都来探望，一家人其乐融融。

张新英退休后，随我来到金山县文化馆，参加农民画的学习和创作，成为一名风格鲜明、成就卓著的农民画家。后来我回想起来，她的审美确实与众不同，她不爱精细、灵巧、华丽、时尚。有一次我与她去参观"墨西哥艺术展"，有一件雕塑作品，题为《吊床》，粗看就一块巨石，细看才看出一个肥胖的女人睡在吊床里，作品就在一块天然的巨石上稍加雕琢，显得非常自然有趣。她很赞赏，过目不忘。有一次我们去北京旅游，住在好朋友漫画家毕克官的家里，他女儿问新英："阿姨，北京什么最好看？"她回答："前门、长城、骆驼最好看。"让人感到意外。后来我们又去参观毕加索画展，她虽然不欣赏立体派的造型，但对毕加索的色彩很好奇，认为他的色彩似乎没有道理，但仔细想想也很有道理。在日后新英的作品里，可以看到毕加索对她的影响。

十、拜唐云为师

早在1960年全军第二届美展时，我就参展了七幅国画作品，展出期间，海军政治部王主任陪同著名美术评论家王朝闻前来观看。他对我的画作了充分的肯定，对王主任说："这位同志很有才气，但笔墨还欠老练，可进画院去向老画家学习笔墨技巧。"我在旁边听到了非常高兴。当年我在上海美专学国画，只学了一个学期，以后都是自学的，若有进修的机会，我当然不会放弃。当时可供我选择的有北京国画院和上海国画院。我向王主任提出，希望到上海国画院进修，一则我原是从上海出来的，对上海比较熟悉；二则我的家在上海，多年参军在外，没有机会照顾家庭。王主任通情达理，很爽快地答应了。但由于我要完成参加1962年海军第三届美展的创作任务，又要去福建前线体验生活，因此进修的时间就推迟了。

1962年"海军第三届美展"在北京举办，我参展的作品有《厦门英雄岛》《女红军战士》《一七五英雄艇》组画等。

画展结束，1962年的下半年我就带着东海舰队文化部的介绍信，来到上海国画院。当时的上海国画院拥有众多一流的大画家，如丰子恺、王个簃、吴湖帆、贺天健、白蕉、张乐平、陆俨少、谢稚柳、陈秋草、关良、唐云、江寒汀、张大壮等等，我原打算跟来楚生学，来先生以书法篆刻为长，他的花卉简洁明快的风格我很喜欢，另外，我与来先生有过接触，东海舰队文化部曾邀请上海画院一些画家到东海舰队作客，由我联系的，来先生还为我刻了一方名章，一直用到现在。但上海国画院的创作研究室主任邵洛羊，却建议我跟唐云学，说唐云画得更好。唐云是当代花鸟画代表人物，他的画潇洒脱俗，我也非常喜欢，能拜唐云为师，真是求之不得。那时不兴拜师，也没任何仪式,领导打个招呼,征求一下意见,就这样,我就成了唐云的学生。

与我差不多时间进上海国画院的,有一批工农兵学员,跟不同的老师学习。跟唐云学习的除了我,还有吴玉梅以及唐云的儿子唐逸览,跟吴湖帆、陆俨少学山水的有陆一飞,跟程十发学人物的有毛国伦、汪大文等等。

唐云老师让我先学兰竹,这是花鸟画的基础,之后,他又开了画稿,让我临摹。那年代,物资匮乏,很多物品都要凭票供应。老师是上海政协委员,可享受政协会堂餐厅和小卖部的特殊供应。老师和几个文化界的好朋友经常去政协的餐厅吃饭,有时还把我带上。老师喜欢喝酒,而且喝白酒。他还劝我也喝,说三杯酒下肚,灵感就来了,笔墨也放得开了,自己一些比较满意的画都是这样画出来的。我因生过肝炎,所以一直不喝酒。

我在唐云老师那里,断断续续学了两年左右,中间因参加全军第三届美展,创作了一幅国画《等潮》。描写一对渔民夫妇,女的坐在船头上,梳着长长的头发,男的在逗着孩子玩,一群海鸥围绕着他们上下飞舞,他们在等潮水涨时,扬帆出海。画面洋溢着温馨、祥和的气氛。这幅画我自己很满意,也得到唐云老师的认可。想不到送审后,遭到海军文化部的严厉批评。有人说,这是宣扬资产阶级人性论;更有人上纲上线,质问"等什么潮?等国民党反攻大陆?"我再怎么解释,也是无用的。总算领导对我一分为二,没有将我的成绩全部抹杀,只是说我到上海学得变味了。这幅画被否定了,另一幅《厦门英雄岛》长卷,因为太长,不宜展出。我是海军中唯一画国画的,美展中不能没有国画作品,我只得加班加点,突击创作了一幅反映广东沿海女民兵生活的国画《不爱红装爱武装》。送审通过了,1964年初在"全军第三届美展"展出后,反响很好,后被沈阳故宫博物院收藏。

接着,1964年4月"海军第四届美展",我参展的作品有《换岗》《路过家乡》两幅。《换岗》描写新老战士交接班,《路过家乡》描写多年参军在外的海军战士驾艇路过家乡,看到家乡发生的巨大变化,发出由衷的欢呼。这幅画后来在上海一次美展中展出,上海《解放日报》不仅刊登,还发了一篇评论文章。

这是我在部队的最后一次参加美展,1965年,我从部队转业,回到上海。

十一、战友重聚,画赠张爱萍司令

"文化大革命"开始,我们原华东海军文工团的战友们都陆续转业,离开部队,分散各地,没有联系,也不敢联系。直至1978年,旅居美国的战友朱崇懋和苏州的战友艺林,联系了在上海的孙敏、张山等二十多个战友,讨论老战友聚会及编写通讯录事宜。1979年,一个乍暖还寒的早春时节,我们终于有了五十余个战友的第一次聚会。文工团的老导演赵彤与我同一年转业,他转业到上海卢湾区文化馆,这次聚会就在卢湾区文化馆的会议室,几张办公桌拼成了主席台,请到上面就座的有在"文革"中被打成"走资派"的朱步营、被打成"特务"的许勇、被打成"历史反革命"的谢瑞屏、被打成"右派"的周永西、被打成"炮打张春桥的黑手"的丁人骏——总之,是清一色的"牛鬼蛇神"。根据张山初步调查,我们文工团老战友里面,没有一个攀附"四人帮"高枝而升官发财的,没有一个因追名逐利而堕落成人民的罪人的! 当他大声宣布这一结果时,全场响起热烈的掌声。此后,经过南北许多战友的奔走寻访,在文工团团庆三十五周年之际,汇编成了老战友通讯录,并荣幸地得到了老司令张爱萍为通讯录的亲笔题词:"理想高尚,战友情长,奋斗不息,民富国强。"给大家极大的鼓舞。

1985年,当团庆四十周年将临之际,大家争取全文工团战友来一次大聚会。杭州的战友提议聚会地点就在杭州。两百三十名战友,在春暖花开的人间天堂,久别重逢,畅叙往昔,无比兴奋激动,尤其张爱萍司令再次给我们题词,他深情地写道:

西湖春暖舟轻,荟知音,四十年前创海军。纵欢庆,旧时景,赤忱心。广阔海风,豪气逐飞云。

读着这首词，大家眼前出现当年在张司令率领下，乘风破浪高歌猛进的一幕幕动人的景象，咀嚼着在战斗中结下的深厚情谊。我们多么渴望再见到阔别数十年的老首长啊！

1994年4月23日，团庆四十五周年战友联谊会在北京召开，大家众口一词，请在北京的战友去邀请张爱萍司令参加。老首长慨然允诺，欣然前来。两百多位老战友，夹道欢迎。张司令说："你们远道而来，应该欢迎你们，我也很想念你们！"他把手杖挂在臂弯上，时而鼓掌，表示欢迎；时而双手合十，向大家致意；时而跟大家握手，传递关爱。瞬间，欢迎的夹道，变成了热情的海洋，把张司令紧紧围在当中，致不完的问候，道不完的祝福，叙不完的往事，说不完的今昔。一个个热泪盈眶，一个个感慨万千！

联谊会开始，主持人赵志（转业在解放军报社）请老司令讲话。老首长向大家敬礼后说："不要叫我老司令，我们是老战友，我们是风雨同舟的老战友，见到同志们很激动，刚才想了几句打油诗给大家念一念：

四十五年情，友谊胜纯金。鹤发今欢聚，罕古感世人。

大家报以热烈的掌声。老首长接着说：同志们能够数十年如一日，始终保持着深厚、真挚的战友情谊，这是十分珍贵的，在今天的社会里，应该大大发扬！"接着，他与我们一起观看演出，合影留念。事后，老首长又作《战友情》词一首：

相聚纵情谈笑，在京郊。岁月如流水，往事常萦绕。话当年，意气豪，报春早。同创新海军，誓把海疆保。四十五年过去了，鹤发童心，人未老。

1999年，是南京解放五十周年，也是团庆五十周年，我们在南京军区招待所聚会。北京的赵志带来了老首长的祝贺和墨宝。墨宝抄录他在上一次联谊会上,即兴吟就的"半个世纪情"那首五言诗。会场上响起经久不息的掌声,大家齐声高唱胡士平团长创作的《人民海军在前进》和吴祖庚创作的《快乐的水兵》,欢声雷动,群情振奋。我很感动,心想把大家的浓情密意定格在一幅画里,成为永恒,献给我们敬爱的张爱萍司令员。我的想法得到全体战友的赞同,事后不少同志为我出点子,提建议。几多峥嵘岁月,在我们脑海萦绕;几多青年时代的梦想,在我们心中跳跃。但我想,这幅画不能用具体的情节来体现,而必须用高大的形象,深邃的立意,象征的手法,才能表达出我们对老首长的深情厚谊。最后我画了一幅以昆仑山为主题的国画,题词曰:"情昭昭兮日月,意巍巍兮昆仑。"寄给北京的赵志,请他代表原华东海军文工团全体老战友赠送给张爱萍司令。

在京的老团长胡士平、海军作家朱祖贻、海政画家吕恩谊与赵志一起去拜访张司令,向张司令赠送了五十周年聚会的纪念品,展示了精制的《半个世纪情》的铜铭牌,以及我的国画。张司令诵读着画上的题词说:"情昭昭兮日月,意巍巍兮昆仑。好嘛!"吕恩谊用相机记录下将军欣赏画时的喜悦的表情。赵志将照片寄给了我,并在信中写道:"你的画很有气势,寓意也深刻,给人以邈漫流光的不尽遐想,极为充分地表达了老战友们对老将军的崇敬心情,要不将军怎会有如此喜悦的表情呢!"后来,我添印了许多照片,寄给各地战友,让大家分享喜悦之情。

华东海军文工团的同志们为什么如此敬仰张爱萍司令呢?一是他是一位儒将,一身正气,具有非凡的人格魅力。二是他爱人才,重人才,懂文艺,重文艺,他是诗人,也是书法家。三是他与我们风雨同舟,是战友,也是朋友。

图1：与江防舰队政治部文工队党团员同志合影（后排右三吴彤章）
图2：吴彤章在舟山渔船上
图3：吴彤章与小弟再章合影
图4：舟山基地美术班师生合影，前排右一吴彤章

1	
2	3
4	

图1：正在临摹聂普林采夫的《战地小憩》
图2：吴彤章创作的国画《月海》
图3：海军美术工作者（后排左一为吴彤章）

图1：厦门英雄岛长卷局部，庆祝鹰厦铁路落成，吴彤章作
图2：在上海国画院合影，左起毛国伦、邱道峰、唐逸览、陆一飞、吴彤章、杭英、
　　徐志文、汪大文、吴玉梅

图1：张爱萍司令员正在欣赏华东海军文工团全体同志敬赠的由吴彤章创作的国画
图2：吴彤章与孟光合作油画《胜利返航》
图3：筹建军事博物馆，与海军馆工作人员合影（后排右一为吴彤章）

<table>
<tr><td>1</td><td>2</td></tr>
<tr><td colspan="2">3</td></tr>
</table>

第四章　亭林镇上供销员

一、无奈的转业

参加"海军第四届美展"后,我就打了转业报告。

自从1959年,我被借调到海军政治部文艺处美术创作组,已有整整五年。1964年文艺处曾经讨论过,正式调我去美术组,但由于我的家庭出身、父亲的历史问题,没有通过。这对我的情绪打击很大。我父亲去世于解放前,曾在国民党的区政府(相当今之乡政府)工作过。由于在乡民中有着良好的口碑,因此在解放后评为"开明士绅",但"地主"的成分是改不了的。况且在解放前做了哪些好事,哪些坏事,包括他的被害,都是讲不清楚的。我虽然参了军,但一直背着"成分不好"的思想包袱。

我刚到文工队时,画了一幅山水画,就被批评为"迷恋封建地主阶级的腐朽没落文化",迫使我放弃了国画。而且,在一次运动中,有一位团长因为家庭出身是大地主,遭到批判,说他是"钻进党内的阶级异己分子"。在我看来,这似乎也是对我的一种旁敲侧击的警告,让我彻底放弃了入党的愿望。我想,算了,我就做一个党外布尔什维克吧!即便当时有人说我走白专道路,我也忍了。在部队十几年,从来没有打过入党报告,我只是努力做好自己本分工作。好在彭德怀当国防部长的时期,不太强调家庭出身,所以身心和工作都比较愉快。后来,林彪当了国防部长,突出政治,强调阶级成分,思想也更左。我在上海国画院学习期间,创作的《等潮》,第一次受到严厉的批评,我的工作调动也遭挫折。当时正逢部队人员大批转业,我觉得我也应该离开部队了。离开部队,虽然有点难过,有点依依不舍,但我还是打了转业报告。此事我曾告诉过唐云老师,老师说,他与萧劲光(当时的海军司令)很熟,如果你对部队留恋的话,可以打个招呼。我觉得如果这样留在部队，没有意思，因此我谢绝了老师的好意。

东海舰队文化部部长朱振铎是我的老上级，也是相处多年的老战友，他是了解我的，他以组织的名义，给我写了鉴定和介绍信，并希望地方将我安置在美术部门。我曾到上海美术家协会联系，当时接待我的是机关党支部书记张云聘，他说，我们同意接受，你先将组织关系转到地方，我们就可以去要人。

1965年7月，我正式转业到上海，可市人事局的同志说，现在文艺单位正在开展整风运动，人员不进也不出，去文艺单位是肯定不可能了。当时我正患肝炎，住院治疗。等我出院再去人事部门时，已经安排我去松江县供销合作社，说目前只有商业单位可安排。我想，若是继续搞美术创作，到我熟悉的郊区农村，也许是不错的选择。我去松江县供销社报到，负责同志问我有什么要求。我只是提了几个简单的要求，我家在上海，希望回市区的交通方便一点。另外，我身体不大好，希望离医院近一点。

于是，我转业到了松江县亭新公社供销社。亭新公社供销社就在亭林镇上。我去报到了才知道，亭林镇离上海并不近，路上得花三个多小时，要换几辆公共汽车，从上海出发，先到闵行，到西渡摆渡过黄浦江，江对面渡口有去亭林镇的班车，但班车少，两班之间相隔个把小时，大家都不想脱班，一上岸，都拼命跑，跑得快的，能抢到个座位，跑得慢的，只好站着，或者坐在地上。但镇上有一所不错的亭林医院。

松江县供销社人事部门告诉我，让我去亭新公社供销社还有个原因，亭新供销社理事会主任（相当今日之工会主席）是个老红军干部，他长期在上海疗养，工会工作没有人抓，让我去顶替。我提出身体不好，让我先适应一段时期。我到供销社后，领导确实没有给我安排繁重的工作。

二、"鬼楼"一住就六七年

亭林镇位于上海南郊,原属松江县,民国时期与枫泾、朱泾、张堰并为四大名镇,1966年10月划归金山县(今金山区)。我到亭林后,听供销社的老同志介绍,亭林历史悠久,早在四千多年前新石器时代,已有先民居住,相传秦汉间,有十二户人家生活于此,称为"十二家埭"。南朝梁陈年间,有位文字训诂学家顾野王,路经这里,见有一土山,上有一片梧桐林,十分清幽,于是在此结茅而居,留有"读书堆"遗址,当年在此修《舆地志》三十卷,并在路边修筑凉亭,供行人休憩,后人遂忘其原名,称之亭林。而顾野王遂有"顾亭林"之称。

亭林镇规模比我家乡四团略大,一条市河(南北流向),一条后市河(东西流向)贯穿全镇,两条河上都有五六座石桥,连接东西、南北大街,商铺、人家。市河上有一座石桥名枝秀桥,长约六米,宽约一米五,建造于乾隆年间,极为古朴。

亭林与四团相比,也更具文化底蕴,唐后已形成集镇,其人文景观很多。据《松江府志》记载,亭林有"八景":"读书堆"、"洗砚池"、"松雪碑"、"楞严塔"、"仙人洞"、"八角井"、"览翠楼"、"铁崖松"。我到亭林时,"八景"尚存四景。供销社的老同志曾陪着我前去参观。读书堆俗称大寺山,据说原高十丈,占地数十亩,树木茂密,是梁代顾野王的宅院(是现今上海地区有文字记载的最早宅院),顾晚年在此读书著书,因以得名。"文革"中,乡民挖土填河,已将山头削平。松雪碑是元代大书法家赵松雪所书,"文革"中被毁。楞严塔相传建于唐朝,1956年被拆,仅存六角形中柱。铁崖松为元代文学家杨维祯手植之罗汉松,至今已有六百多年,仍傲然挺立,被誉为江南第一松,列为市级保护文物。

亭林镇的周围农村属于亭新公社,公社机关、供销社等重要单位都在亭林镇上。当时,供销社在农村有着相当重要的地位,它管理、经营着农村的生产资料和生活资料,前者如种子、化肥、农药、建材等等,后者如粮油、布匹等日常生活用品。我的宿舍被安排在离供销社不远的街上。这是一幢二层楼的街面瓦房,楼下是肉铺,我住在肉铺的楼上,从隔壁小弄的侧门上去,窗朝南,约十四平方米,有一张四尺挂着帐子的木床,一张老式的梳妆台,一把椅子,还有热水瓶、茶杯、痰盂等生活用品。电灯开关是当年流行的拉线开关,可把拉线接长,缚在床架上,便于起夜。我是下午到的,街上很安静,很多商店都已关门打烊。我觉得环境不错,很感激供销社领导细心安排。谁知当晚,大约半夜2点多,街上就热闹起来。楼下的肉铺运猪,斩肉,动静很大。肉铺对面是一家豆腐作坊,已开始磨豆腐。再过去,是一家茶馆,赶早集的农民,已前来喝茶,一片嘈杂。我被吵醒后再也睡不着,只能等待天亮。第二天,我试着提早睡觉,可是我已习惯晚睡,怎么也不能入睡。就这样,坚持了一个星期,实在吃不消了,我就向领导提出,能不能换一个环境。供销社蒋主任说:

"清静的地方倒有一个,不知你敢不敢去?"

"有什么不敢去的!"我说。

"那间房间吊死过人,闹过鬼,没人敢去!"

"我当过兵,我不怕。"

"那你去试试。"

就这样,我搬进了闹过鬼的房间。

这是一座被称之"走马楼"的地主宅院,土改后作了供销社的仓库。它坐落在小镇东街的尽头,围墙很高,正门面向市河,没有一般常见的黑漆墙门,而是一排两层楼的店铺,都上了排门板。我随供销社的生活资料组长老叶弯进宅院的东侧的一条狭窄的长弄,约走了六十米,进了宅院的后门。只见底层十多间房子,有的锁着,有的敞开着,堆放着农药、化肥等物,中间的庭院,荒草杂生。我的房间在后边一排房屋的二楼的尽头,楼梯口光线很暗,上得楼来,就是可以四面相通的走廊,积满灰尘,结满蛛网,年久失修的地板,踩上去吱格吱格作响,一个个房间都空关着,发出阵阵回音,胆小的人一定会感到阴森恐怖。我们侧身穿过箱子堆,来到最里面的那间曾吊死过人的房间。房间约十来平方米,靠壁堆放着上了锁的几个大箱子,一张单人床,一张小方桌。老叶赶紧打开朝南的木窗,让新鲜空气进来,他指着窗外说:"围墙外有十来亩大的桃园,春天的时候,桃花开了,粉红一片,非常好看。"我虽然还没有看到桃花,但对这里绝对安静的环境,很是满意。

那些年,政治运动不断。先是"四清"运动,接着"文化大革命",供销社日日夜夜开会学习,我第一天回到宿舍约在晚上九十点钟,那座"闹鬼楼"因为没有人住,因此走廊里一盏路灯也没有。好在我有准备,白天买了一只手电筒,可以照着上楼。手电筒的光圈很小,周围一片漆黑,虽说不信鬼,但也有些紧张。走廊本来就很长,此时更觉得没有尽头,绕着箱子堆,还得当心撞了头,突然在暗处发出抽鞭子的声响,我猛回头,用电筒照去,在箱子背后,似乎有人影一晃而过,吓得我毛骨悚然;到了房间里,也不安宁,不知哪里传来唏嘘声,如泣如诉。我从小在农村长大,听过许多鬼故事,什么僵尸鬼、吊死鬼、落水鬼等等,后来虽然接受了无神论的教育,但脑海里各种鬼的形象根深蒂固,在这种特殊环境下,一个个都跳了出来,虽然我用唯物史观来壮自己的胆,也无法安宁下来,整夜开着电灯,不敢入睡。此时才想起老蒋的警告并非危言耸听。等到天明,唏嘘声依旧,我循声寻去,发现一堵掉了石灰的砖墙,露出了几处空隙,唏嘘声就是从这里发出来的。我明白了,这是一种物理现象,如同吹奏乐器。那鞭子声又是从哪里发出来的呢?我四下观察,周围都是木箱、木柱、木檩、木地板,我恍然大悟,原来那是木裂声!从此,我对老宅里的声响,包括老鼠、家蛇、麻雀等闹出来的动静,都无动于衷了!在那"鬼楼"里,我一住就六七年。

三、从柜台到田头

我到亭林时,肝炎还没有完全康复。好在我负责的理事会,每月开一次会,讨论一些困难职工生活补助问题,还有调解职工之间的矛盾纠纷。记得有一天半夜里,一对夫妻吵架,寻到供销社仓库的宿舍,闹得我一夜没睡。但平时还是很空闲的,供销社领导很照顾,没有安排其他工作,让我到所属各部门和商店走走,熟悉熟悉,同时把身体养好。几天下来,我对棉布店产生了兴趣。棉布店位于亭林镇中心十字街西面,二开间门面,有一百来平方米,两个大柜台,都有两米长,供丈量布匹用,中间有块空地,可容纳十来位顾客。棉布店在镇上独此一家,品种很齐,有棉质的花布、绒布、哔叽、斜纹,有化纤的的确良、人造棉,有丝绸、锦缎,有毛料、呢料。棉布店营业员有五六人,到了中午吃饭时间,往往只留一人在店里值班,于是我主动提出中午去棉布店代班。中午顾客较少,我就向老职工学习量布、剪布和卷布。供销社从外面进的货,都须丈量登记,然后把量好的布匹卷在一块木板芯上。卷布时,必须将布摊平,两手用力均匀,才能卷得两头齐整。剪布必须将剪刀与布匹成直角才能不剪歪斜,等等,这些技能需要反复练习才能掌握。

每年冬天,农村"年终分红"后,迎亲、嫁女,给小孩添新衣,布店里就忙碌起来。来买布的大多数是农村妇女。挑花布,配颜色是我的强项,我总是主动上前招呼,了解他们的实际需求,也借此了解农村妇女的审美要求。比如她们说:"城里人很傻,出了钱买旧布穿!"开始我不明白,她们解释:"这些灰嗒嗒的布,就像旧布,一点不新!"我明白了她们的喜好,会提出一些建议,譬如中年妇女穿的以素净的碎花布为主,年轻姑娘以鲜艳大方,对比强烈的花布为主,结婚穿的以红色为基调等等,我的建议得到顾客的认可,周围农村妇女来买花布,都会请我挑选。店里人手少的时候,我也为顾客剪布,按规定剪一件上衣的料,可放一二寸,我怕农民计算较扣,万一布料缩水,就做不成衣服,因此我总是多放一寸。

店里人手多的时候,我在里边的柜台画速写。我就地取材,用包装衣料的牛皮纸,一支炭笔,迅速勾勒出一个个农村妇女形象。后来被发现了,她们好奇地围拢来看我画,并要求把画送给她们。一般我都会答应,其中有几张我要留作创作素材的,我会重画一张。这事传扬开来,每天有人来求画,最多时有二十来人排着队,男女都有,我根据各人的脸部特征,先勾轮廓,再用擦笔擦出明暗,两三分钟就能画成一张。有的行人看到排队,以为是卖便宜货,也挤进来,得到一张免费的画像,自然喜出望外。看着大家笑嘻嘻地离开,我的心里也充满着喜悦。

除了棉布店,我也去隔壁的百货店帮忙。百货店的顾客面更广,有买手表的男女青年,有为子女办嫁妆的中年夫妇,有带着孩子来买玩具的年轻妈妈,我在那里也画了不少速写。还有茶馆也是我经常光顾的地方。农村的男人们,最喜欢"孵茶馆",每天早晨三四点钟,天还没亮,茶馆里已经热气腾腾,上镇的农民聚集在茶馆里,他们把手里的篮头挂在梁上、柱上,泡上一壶茶,点上一支烟,与同桌喝茶人天南地北闲聊一通,这是相对闭塞的农村传播各种消息的便捷渠道,也是辛劳农民的一种休闲方式。我不喝茶,但为了占一个位子画速写,也泡壶茶,茶馆的人都认识,他们也不干涉。来喝茶的农民,以年老的居多。一开始,他们很不习惯,看见有人在画他们,不知所措,有的立即走开,有的正襟危坐,动也不敢动,僵在那里。我向他们解释,不要管我,保持自然状态。后来他们也渐渐习惯了,恢复到自由自在,旁若无人的状态。我一天能画成两三张自己满意的速写,就算没有白过。

我后来创作的国画《农村百货店》,画了一百二十多个农民形象,被誉为"金山的《清明上河图》",大多是我在亭林镇上大量速写的成果。《农村百货店》收集在《金山农民画开拓者》画册中,另外有两幅速写被收集在上海美术家协会六十周年纪念画册之中。

一年之计在于春。春耕是农村中头等大事，农民们经过一冬的整修，养精蓄锐，以极大的热情投入到春耕中去。这段时期，农民无暇上街购物，供销社的任务就是根据农民生产和生活的需要，送货下乡。春耕开始前一个星期，供销社召开动员大会，以实际行动支援春耕。供销社分三路人马，一是技术指导员，也称下乡员，他们负责春耕的各项技术指导工作。二是生产资料组，他们负责供应各种农用物资。三是生活资料组，他们负责供应生活资料，挑着货郎担，送货下乡。三个组分工明确，各司其职。我不属于这三个组，不知怎么为春耕出一份力。我见生产资料门市部那里临街有一堵墙，约有十几平方米宽，想画一幅《春耕图》，营造一点春耕气氛。但我又怕大家不理解，说我隔靴抓痒，不解决实际问题。心里憋了几天，一次在与蒋主任聊天中透露了自己这个想法。想不到老蒋十分支持，还不无感慨地说："我们供销社就缺少美术人才，你看，各门市部商品摆得乱七八糟像杂货摊，橱窗也不布置。再看人家松江供销社门市部，商品放得井然有序，橱窗布置也吸引眼球。以后请你帮他们设计设计。"原来老蒋以前也喜欢画画，曾经画过一幅漫画，讽刺一个干部，在运动中受到处分，以后就再也不玩了。

我征得蒋主任同意后，去文具店领了白报纸、颜料和画笔，先在墙上糊上白报纸，不用稿子，用水粉颜料直接画上去。我画的是一条正在耕田的大水牛，画时吸引了很多农忙前上镇购物的农民。他们看我凭空将一条大水牛画得活灵活现，牵的牛鼻绳，套的轭头，扶的犁铧，没有一点差错，饶有兴趣地问长问短：

"画图先生，你耕过田吗？"

"没有。"

"看你画的水牛和犁耙，像是个老农民。"

"我在部队里，画过一幅《耙田》，到当地农村写生过。"

"哦，你是部队出来的，是画作战地图的？"

"我不画地图，我画宣传画。"

"那黄继光、董存瑞的画是你画的？"

"不是。我是海军，我画海军英雄。"

"你是海军，你开过兵舰吗？"

"我只会画画，不会开兵舰。"

"你是供销社请来的画师？画一幅画，给多少钱？"

我还没有来得及回答，门市部一位同事不耐烦地发话了："你们打破砂锅问到底，有没有完？我告诉你们，他是供销社新来的吴主任！"

经他这么一说，大家都不好意思，悄悄地散去了。

其实我是很喜欢与农民交谈的，他们的离去，反倒让我扫兴。这些无拘无束的农民本来与我平等的对话，因为知道我是什么"主任"，就沉默了，离去了！我突然意识到，干部与群众之间竟隔着这么大的距离，心头不免掠过一丝悲凉！

供销社生产资料门市部墙上，画了一头大水牛，成了亭林镇、亭新公社的一桩新闻，约有一个星期的时间，来看《春耕图》的人群，陆续不断，有农民、工人、学生、老师和公社干部。亭林中学的唐一鸣老师就是这时认识的，他从小喜欢美术，考过浙江美术学院，没被录取，后来读了华东师大物理系，分配到亭林中学教书。我们志趣相投，常在一起谈论艺术，一起出去写生，成了至交。

春耕开始，我随货郎担下乡，我挑不动担子，拿着画夹，跟在后面。到了田头，货郎担歇下，就有一群小孩围过来，这时大人们正在插秧或挑秧，我就打开画夹开始写生。休息的时候，大人们也会围过来，有的购物，有的饶有兴趣地看我速写，一部分画就给农民要去了，以致后来我随货郎担来到田头，小孩们见了，老远就边跑边喊："画图先生来了，画图先生来了！"我成了人们注意的中心。货郎担年年来，已不新鲜，"画图先生"到田头给他们画像，这可是头一次。农民称我"画图先生"，我很高兴，这才是我的本分。从农民的热情中，我也看到了广大农民出于本能的对美的追求和对精神生活的渴望。

81

四、撕毁珍贵照片

我刚到亭林的时候，农村正在搞清思想、清政治、清经济、清组织的"四清"运动。四清工作组组长是松江县供销社的一名领导干部。我是新来的，又是部队转业的，因此组长让我参加四清工作组。对此我虽然不感兴趣，但领导安排的工作又不好拒绝。我不懂财务，不会算账，只是参加过几次会议。"文化大革命"开始了，四清工作组无形解散，组长被造反派揪回松江批斗。亭林镇很快出现了几个造反队，分为造反派和保皇派，开始是唇枪舌剑打"语录战"，后来随着形势的发展，由"文斗"发展到"武斗"，镇上商店都纷纷打烊。这时我学习鲁迅"躲进小楼成一统，管他冬夏与春秋"，关起门来画我的画，画累了，就在床上躺一会或者到墙外的桃园散步，呼吸新鲜空气。后来，护园的老农也成了我的好朋友。年年看桃树花开花落，不胜感慨！我避开人世一切纷争，享受孤独，身体也渐渐恢复了健康。

1968年的一天下午，我从金山回家休假。我家在上海重庆南路三德坊。那是一条新式里弄，我住在17号四楼。四楼是加层，共住两户人家，厨房、卫生间合用。另一家主人姓张，是光明日报上海记者站的记者，爱人是小学老师。当我走进三德坊17号，刚走到二楼，只见二楼的沈家房间里，楼梯旁挤满了佩戴"造反队"的红袖章的造反派，气势汹汹地正在抄家，东西翻得乱七八糟。我急忙走上三楼，又有一路造反队在抄庄家。这时一个造反派把我拦住，问我是什么人，来做什么？我说我姓吴，是四楼的居民。他虽然放我上楼，但不放心，跟着我上来。家里门锁着，我大大方方地摸出钥匙开了门，那个造反派向我家里张望，里面只有两张床、一只衣柜、一张吃饭的桌子，看来没有什么油水，他就下楼了。

这些造反派虽然不是冲着我来的,但我立即想到家中还藏着我在部队时与刘少奇、王光美的合影。"文革"初期,毛泽东的一张《炮打司令部》大字报,把刘少奇打成"叛徒、特务、卖国贼、走资本主义道路的当权派"。但是,我与刘少奇夫妇合影的照片,没舍得处理,还是珍藏在家中的柜子里。万一被造反派发现,我肯定被打成反革命分子,全家人都要遭殃。我越想越怕,立即关上房门,从柜子底下把这张照片翻了出来,先放在衣袋里,坐在床上,心怦怦跳着,思想激烈地斗争着,是把它藏起来还是毁掉?家中只有十六平方米,能藏到什么地方去?转移也很危险,到处都是造反派,弄不好害了他人,何况现在什么人都不可信。想到这里,决定把它毁了。我迅速将照片撕得粉碎,趁隔壁张家和我爱人还没有下班,孩子们还未放学,将撕碎的照片扔在抽水马桶里,放水冲走了。我并没有如释重负般轻松,脑中一片空白,心中不是滋味,坐在床上发呆。

爱人下班回来,见我这副样子,问我发生了什么事?我说,刚才造反派来过,看了看就走了。爱人低声告诉我,今天早上造反派通知三楼的杨老师(庄的妻子)说她丈夫昨晚在单位畏罪自杀了,要家属去处理后事。我问庄先生犯了什么罪?爱人告诉我,据说,庄是国民党海军高级工程师,解放后是江南造船厂的留用人员。我听了十分反感,像吃了一肚子盐卤,有苦说不出来。我是从海军转业回来的,我知道人民海军中有不少是国民党海军起义的同志,他们是建设人民海军的重要技术力量,是一些有功之人,怎么可以这样迫害呢!但是在当时的环境下,我是敢怒而不敢言。庄先生的女儿在家门口贴了一张大字报,揭发他父亲的罪状。大家都知道,这是造反派逼她写的,用以推卸逼死庄先生的责任!这位庄先生在我的印象里是一位儒雅的、彬彬有礼的长者,独生女儿是他的掌上明珠,好端端一个幸福家庭,一夜之间,弄得家破人亡!

五、"逍遥派"创作丰收

树欲静而风不止。"文革"刚开始的时候,松江一个造反组织"红卫军",他们到亭林来,说他们是一批从部队退伍和转业的军人,要我参加他们的造反组织,一起保卫毛主席的革命路线。我推说自己生过肝炎,现在还没有痊愈,什么事也做不了,把他们打发走了。

不久,亭林镇划归金山县。上海工总司金山造反总部造反派到亭林来,动员我参加他们的组织,说是让我搞宣传,画丑化中央领导的《百丑图》,我还是以身体不好为由,谢绝了。后来,金山的造反派金联总也来找我,我什么都不参加。亭新供销社也成立了造反队,他们还夺了供销社领导的权,把蒋主任打成走资派,戴高帽子挂牌游街。有个造反派,说我也是走资派,也要打倒。但大多数造反派认为我是一个病号,一个没有权的闲人,算不上走资派,所以没有批斗,也不来管我。

我成了名副其实的逍遥派,这样我画画的时间反而多了。1967年下半年,上海文汇报社组织一批画家进行连环画创作,内容为芭蕾舞剧《白毛女》和《红色娘子军》,分两个创作组,我与上海国画院的张桂铭、军旅画家杨列章创作国画《白毛女》,油画家全山石、邱瑞敏、魏景山创作油画《红色娘子军》。报社腾出两间大房间作为画室,历时半年之久,才完成任务,我画了二十多幅作品,后来有没有看到出版,这批画的下落,我就不知道了。

从文汇报社回来后,我躲在小房间里,整理资料,画了许多头像素描,贴在墙上。为了充分利用四面墙壁,我把睡床放在房间的中间,别人见了,一定会觉得奇怪的。有一天,我请一位年轻木匠来钉一块木板,他一进门吓得退了出去。我问他为什么？他说你挂在墙上的都是死人画像——原来农村里死了人，拿死者生前的小照片，请人放大画成一幅遗像（小镇上有专门画遗像的商店），配个镜框，挂在家里。木匠奇怪我怎么敢睡在死人堆里！我解释这些都是活人，不是死人，是我创作的素材。木匠将信将疑地钉完木板，急忙离去了。

我在这小屋里创作了三幅画：

第一幅是《上镇路上》，描写三个农村老太，戴上造反队的红袖章，背了"语录袋"，在路上相遇，诉说着各自的见闻。

第二幅是《银杏树下》描写两个农村青年，穿上崭新的军装，在村头银杏树下宣誓，告别欢送的父老乡亲。

第三幅是《农民全家学毛著》描写当时农村学毛泽东著作的情景。1971年，上海有一个"红太阳美术展览会"，是由上海美术创作办公室主办的。我这幅画展出了，并受到一位叙利亚画家的青睐。这位画家说，要选一批画，到中东七国去巡回展览。我这幅画也入选其中。但我没有署名，只写上"亭新供销社"。美创办一查，亭新供销社是属于金山县的，因此他们与金山县文化馆联系，希望找到作者。文化馆派美术组的吴人杰到亭林来了解情况，镇上只有我一个会画画的，当然很容易找到我。吴向我传达了市里的具体要求。原来的画是用两张六尺宣纸拼接起来的，他们要我用一张宣纸重画一幅，还说将来由国家收藏。由于是"政治任务"，供销社很重视，蒋主任让我脱产半个月，专门画画。我到上海朵云轩买了一张八尺宣纸，借亭林文化站的会议室，画了足足半个月，终于完成了任务。

这件事惊动了县里的领导，请我去县里画毛主席巨幅画像，后来征求了文化馆的意见，将我调到了金山县文化馆，负责美术组的工作。从此，我的人生，又面临一个新的转折点。

图1：亭林"闹鬼楼"
图2：吴彤章转业到亭林与女儿吴江月合影
图3：吴彤章在亭新公社田头速写

<table>
<tr><td>1</td><td>2</td></tr>
<tr><td>3</td><td></td></tr>
</table>

第五章　金山农民画的缘起

一、辅导画村史

　　县文化馆的任务是开展、辅导农村文化工作。而城镇的群众文化由县总工会负责。但县总工会没有美术干部,因此城镇的群众美术也由文化馆兼管了。事实上金山文化馆原来也没有专业的美术干部。我到文化馆时向原美术组的吴人杰打听,全县有多少美术骨干。他说,不知道,也没有开展过这方面的工作。因此,我首先要摸底。在文化馆领导俞皓的支持下,召开了一次全县美术骨干会议,通知各公社、企事业单位、学校推荐美术骨干来文化馆参加会议。结果,一共来了十几人,有教师、职工、学生,而来自农村的只有一人,他就是枫围公社胜利大队的青年农民陈富林。他在会上介绍,为配合社会主义教育运动,画了一组村史。这事引起我的重视,我觉得文化馆开展工作的重点,应该在农村。如果能帮助胜利大队,培养美术骨干,画好村史,以点带面,向全县推广,那么群众美术将在社会主义教育运动中起到积极的作用。第二天,我就去胜利大队参观了村史画。总的印象是内容不错,绘画水平较差。大队支部书记龚宙生非常希望县文化馆前来帮助辅导。文化馆经过讨论研究,决定以胜利大队为开展全县群众美术的突破口。我就在胜利大队蹲点,一面辅导他们画村史,一面传授绘画的基本技巧和知识。胜利大队美术骨干除了陈富林外,还有龚明华,后来我曾介绍他们去上海学习装裱技术,他们回来办起了裱画工场。陈富林还收了一个学生,结果青出于蓝,学生的裱画技术超过先生,陈富林和龚明华放弃了裱画,到文化馆来参加农民画学习班,后来成了农民画的骨干。

　　1973年,上海人民美术出版社连环画家汪观清到金山县文化馆找我。我与汪观清早就认识,还是在舟山基地的时候,上海人民美术出版社组织郑家声、罗登良两位画家，创作以海军为题材的连环画，到舟山来下生活，由我接待安排，就此我们成了朋友，后来我去出版社，又认识了汪观清。当时全国掀起"农业学大寨"的运动，金山县的八二大队是上海"农业学大寨"的典型，汪观清来金山就是要创作反映农业学大寨的连环画《海滨新一代》。但"文革"期间有一个不成文的规定，一切文艺创作必须由专家、领导、群众三结合。因此汪观清到金山首先要组织一个"三结合"的集体创作班子。他首先想到了我，并让我推荐一农民参加。我因文化馆的工作脱不了身，同时，我对连环画的形式也不感兴趣，因此我推荐了吴人杰，代表文化馆。还有一个农民是枫围公社宣传干部介绍来的，叫王金喜。我向汪说明，这两人绘画都没有什么基础。汪说，没关系，只要对上面有个交代，画还是由他画的。后来汪带着吴、王两人去八二大队蹲点了。

1974年初，汪观清通过吴人杰带来一个消息，说是人美出版社的连环画家韩和平，因为受不了造反派的批斗，在家里开煤气自杀，他儿子打开天窗爬进去把他救了。出版社的工宣队要把他下放到农村去接受贫下中农再教育。汪的意思是让他到金山来，让我帮他安排一下。我取得文化馆领导的同意，让韩和平到胜利大队去，自己正好脱出身来，搞农民画。

我与胜利大队支部书记龚宙生商量，我说韩和平是专业画家，到你们那儿，可以帮你们培养美术骨干，象征性地安排些轻便劳动。龚书记很爽快，一口答应。韩和平来的时候，还带着一个学生小陈，原来工宣队不放心，让小陈一起来，可以监视他，并让小陈每星期写一份汇报。龚书记很是照顾，将他们两人的住宿安排在大队唯一的一幢小楼上。楼下就是打谷场，参加劳动也很方便。韩和平在胜利大队教素描和连环画，培训了如陈富林、曹秀文、龚明华等一批群众美术骨干。过了一段时间，韩和平被"解放"了，他离开胜利大队到公社蹲点，住在枫泾镇上，继续他的连环画创作。后来程十发、刘旦宅、汪观清等也常去那里逗留，枫泾镇成了上海连环画家的创作基地。陈富林、龚明华和王金喜三人一直跟随韩和平搞连环画创作，直至1976年初，他们三人才回来参加文化馆举办的农民画学习班。

二、举办农民画学习班

1973年10月，陕西省户县农民画进京，在中国美术馆展出，被誉为美术界的"样板戏"，而蜚声国内外。国务院文化组决定让户县农民画到全国八大城市巡展。1974年初，陕西省户县农民画来沪展出。上海的文化部门十分重视，专门发文，要求本市郊县的文化馆和美术工作者都要学习户县的经验，发动并开展农民画创作活动。

中国的农民画在世界文艺史上是绝无仅有的文化现象。早在1958年，江苏邳县配合大跃进运动，掀起一股家家户户画壁画的热潮；1973年，陕西户县农民画以其"群众性""战斗性"获得各方面好评。他们的作品主题强调为政治服务，构图追求"高、大、全"，人物造型要求准确精细。户县的农民画有它的历史积淀，他们的农民画家一般素描基础较好，而且他们的作品送京展览之前，都请陕西省的专业画家和美院教师——把关，进行辅导或加工提高。这样的农民画不是一般的农民能够画出来的。

金山县没有农民画的历史根底，农民也没有绘画基础，但开展农民画活动，在当时提到了"政治任务"的高度，是必须认真执行的。我从胜利大队撤回，主要精力放在抓农民画创作上。从1974年4月开始，在县文化馆内分批办了农民画学习班。我当时就有一个想法，农民画一定要根植于泥土，在民间艺术深厚的基础上，推陈出新，才会具有强大的生命力。因此除了农村的知识青年外，我又邀请了一些民间泥瓦匠（能画灶壁画）、木雕艺人、剪纸艺人等参加。但我发现，民间工匠受成规影响较深，习惯于照着"粉本"依样画葫芦，缺乏艺术创造性和时代气息。而青年农民和插队知识青年的作品受户县影响，造型、色彩都倾向自然主义，缺乏浓厚的乡土风味,他们的题材都围绕当时的政治任务,如《全民皆兵》《深挖洞,广积粮》《农业机械化》等等。

上海在向户县农民画学习过程中,南汇县走在前面,他们利用上海人民美术出版社一批画家下放在当地农场,接受再教育的机会,请他们辅导农民进行农民画创作,取得了显著成绩,举办了一次农民画展览,引起市里的重视。1975年3月,上海市美术创作办公室在南汇县召开了郊县农民画创作经验交流会。南汇县的农民画基本走户县的路子,请专家辅导、修改、甚至代笔。虽然作品也发表了,但离开专家,他们就不知所措,不敢动笔。这既是经验,更是教训。

南汇交流会结束后,1975年间,我们就在文化馆内连续举办了数期农民画学习班。如何把它办成富有金山特色的农民画学习班,我们心中并无把握,只能边摸索边前进。成果逐步显现出来。

首先是知识青年朱希、陈明民合作创作的《金谷满仓》,入选1975年10月举办的"全国少年儿童画、年画美术作品展览",在中国美术馆展出,并被中国美术馆收藏。

1976年春节,金山农民画四十五幅,其中如王金喜的《千军万马齐上阵》,陈富林的《政治夜校》,龚明华的《团结战斗》、陈兴龙、范根娣的《朝阳河上运输忙》、徐林生的《迎丰收》等作品入选市文化局、市美创办主办的上海农民画展览,受到舆论界关注,《文汇报》《上海美术》相继发表和介绍金山农民画。

举办农民画学习班,需要场地,需要一定的经费开支,如置办木床、桌椅、画板、颜料,支付农民误工的工分等等,而文化馆的活动经费本来就少得可怜,美术组用多了,其他如戏剧组、故事组、音乐组就有意见。文化馆的小剧场给农民画占据了,也影响其他组开展活动。为避免干扰,文化馆领导俞皓提出,农民画学习班办到农村去,我非常赞成,并得到枫围公社和山阳公社的大力支持。

1976年上半年,我们在枫围公社办了四期学习班。公社在枫泾镇上有一幢危房,在市河边上,我们戏称"近水楼",楼上楼下各两间,原来的单位都已撤走,我们一时找不到合适的房子,就借这里办班。我与男学员就住在楼下(几个女学员住在公社机关里面,大家在公社机关食堂搭伙),有时市河里一条机器船开过,这幢危楼就会摇晃,让人提心吊胆。我睡的床由两条长铁椅拼成,中间放一块床板,长铁椅有五六十厘米高的靠背,我睡觉时想,万一屋顶塌下来,这两条长椅的靠背还可以挡一下。每期学习班二十来天,学员第一期有十八人,第二期二十二人,第三期十二人,第四期二十四人。有的学员从第一期到第四期都参加,如龚明华、陈木云等;有的是后来的如曹秀文、林来源等;此时阮章云高中毕业分配到文化馆,作为我的助手,参与办班,并参加了农民画创作。

1976年,中国农民画赴加拿大展览,这次出国展览是毛主席亲自圈阅的,金山农民画有六幅入选,代表上海市参展。它们是胡伟的《参观养猪场》,庄四良的《大队拖拉机站》,阮章云的《花鲜猪更肥》,沈德贤的《采珍珠》,徐小星的《立新茶楼》,薛德良、林来源的《围海造田》。因此当入选的消息从北京传来,就得到上海美术创作办公室及金山县革委会的高度重视。金山县革委会敲锣打鼓到文化馆送喜报。我正好从枫泾办完学习班回来,以为又有什么最高指示传达,原来是金山农民画入选出国展览。学习班出了成绩,我当然很高兴,县革会一个干部朝我肩头拍了一下说,"老吴你现在红了!"这只是代表了旁观者的看法,我并没有感到有什么了不起,不过感到以后的路子会走得顺当一些。但也因此得罪了文化馆内部的一些人,有人不服气,虽然眼前不好说什么,若遇到机会,这股"气"就会不断地冒出来。

1976年7月,上海市文化局、上海市美术创作办公室在金山县召开金山农民画创作经验现场会。参加者有郊县文化馆美术干部、农民画家、上海中国画院画家、美术评论家、有关报社杂志社二百余人。会上,我与农民画家代表庄亚伦、曹秀文、胜利大队支部书记龚宙生分别作了交流发言。市文化局副局长沈柔坚在讲话中,充分肯定了金山农民画发展的方向。此后在9月6日《光明日报》也发表了《上海金山农民画创作队伍迅速成长》长文。1977年第一期《上海美术》发表了我的《和农民画作者在一起》,龚宙生的《在战斗中成长的一支美术队伍》文章。

1976年6月和10月,又办了两期农民画学习班。8月有二十八个学员参加,10月为庆祝粉碎"四人帮"而举办的重大题材创作班,有十个学员参加。

平心而论,那时的金山农民画虽然已经涌现出一些优秀作品,但还只是一个雏形,我们只是坚持不走专家路线,充分调动农民画作者的主观能动性,同时在色彩上向民间艺术靠拢。发展的道路还不够清晰,还在摸索之中。

三、采风的发现

1976年初，我们在枫泾镇上的"近水楼"办学习班的时候，有一件事引起我的思考。有一个来自兴塔公社的画玻璃画的青年农民陈木云，到学习班三天三夜，没有动笔，躺在床上睡大觉。我发现后，就和他聊天，他说不知道画什么好。我鼓励他随意画些什么，不加任何要求。想不到他很快就画出了一只昂首挺立的大公鸡，造型别致，色彩艳丽，富有强烈的装饰效果。从而启发我，辅导农民画创作，一不要出题，二不要受学院派洋框框的束缚，鼓励学员按照自己的审美趣味去绘画。

1977年4月、9月、10月，在山阳公社东风生产大队一所空置的小学里举办了三期农民画学习班，参加者共有四十九人次。来自农村的青年农民林来源，画了一幅《红日映彩舟》，他把渔舟画成七彩的，十分鲜艳夺目。它不是客观事物的自然描写，而是作者心目中的主观色彩，这是金山农民画在色彩上的一次突破。无独有偶，在山阳学习班上，出现了第二幅类似的作品。那是农村姑娘胡粉娟，她是东风生产大队派来为学习班烧饭的。在空闲的时候，她一直来看大家画画。我看她对农民画很有兴趣，就鼓励她也来试试。结果她画了一幅《海鸟与田螺》，鸟的翅膀画得像彩色的树叶，田螺也是五彩的，十分漂亮。这是我们学习班的额外收获。后来她创作了不少作品，成为金山农民画队伍中一名优秀创作员。

这一时期，我发现农村青年用的色彩明显比下乡知识青年要大胆强烈，受民间艺术的影响更大一些。但经历"文化大革命"，传统的民间艺术作为"四旧"，已经被破坏殆尽，很多青年都没有见过。因此他们的色彩关系就没有民间艺术那样和谐成熟。这使我更确信，农民画创作一定要扎根民间艺术的土壤，充分表现地方特色，才会有艺术生命力。但在"文革"时期，这种想法不可能公开提出，更不可能付诸行动。直至"四人帮"粉碎，1977年初，我决定去农村采风。当时阮章云陪我一起到枫围公社，寻找对创作民间艺术有实际经验的人，和可能存在的民间艺术品。这时曹秀文也加入了采风队伍，她是本地人，熟门熟路，她带着我们一家一家去访问，甚至跑到了与枫围公社毗邻的浙江嘉善农村。

我们一路访问下来，农村中除了一些中老年妇女还保存着若干绣品外，其他的民间艺术品几乎已不存在。对于绣品，我不仅熟悉，而且富于感情。我出身奉贤农村，从小喜欢画画，我母亲平时让我替她描个花样，因此常带着我去看新娘子房里的绣品。每次走进新房，那奇光异彩的刺绣，使我眼花缭乱，留下极为深刻的印象。时隔三十多年，又看到当年的情景，金山农村妇女的绣品，不亚于奉贤，真使我喜出望外。我被那浓郁的乡土色彩所陶醉，被那农村妇女的艺术才华所感动。绣品里的鱼、鸟、花、虫及人物，从印象出发，进行夸张变形，突出物体的主要特征，配色不受自然局限，构图不分远近，强调装饰效果。它既有一定规律，但没有一套刻板的程式，可随心所欲地表达对生活的热爱之情。我极其兴奋地对阮章云和曹秀文说，我终于找到了金山农民画艺术的土壤！

这些绣品中有一只"三桃帽"，粗犷朴质，鲜艳大方，让人爱不释手，是中年农村妇女曹金英为他小儿绣的。我看着看着，突然萌发了这样一个念头，农民的这些艺术才能和审美取向，不就是一种绘画的基础吗？对农民来说，有了它，正可以绕过素描、透视两个"拦路虎"，而自由地通向农民自己的艺术王国。当然刺绣与绘画又有区别，是两种不同的艺术样式，但只要引导得当，就有可能将她们的刺绣、剪纸等艺术特色化用到绘画中去。对此我充满信心。1978年2月，我热诚邀请曹金英参加了农民画学习班。日后的发展证明，曹金英不仅是个优秀的农民画家，而且她的第一幅作品《庆丰收》（又名《举国欢庆》），就显示出她独特的、不同凡响的气质，造型夸张，色彩鲜艳浓重，富有江南民间艺术的魅力，充满浓厚的乡土气息。这也是金山农民画中第一幅与户县农民画迥然不同的作品，成了金山农民画走向成熟的标志。金山农民画由此显露出它的清晰的轮廓，形成独特的风格。

从1974年初开始，为了摸索金山农民画发展道路，培养金山农民画家，开始从知识青年、回乡青年、民间工匠，最后找到农村妇女，整整化了四年时间。此后，县文化馆在全县范围内挑选农村能会刺绣、织布、剪纸的妇女参加，金山农民画创作学习班的学员构成，从以农村青年为主体，转为以农村妇女为主体。

1977年9月，英籍华人作家韩素音要撰写《中国文艺的第二个春天》一书，到各地参观采访，先在北京访问了著名画家黄胄、黄永玉、李可染，又到上海访问了著名画家林风眠、关良、唐云、沈柔坚，然后是参观金山农民画。当时我们正在山阳办班，而山阳没有可供布展的地方，于是我们与枫泾镇商量，借镇政府的礼堂，布置展览，接待韩素音。在接待之前，县外事办的同志向我交代注意事项，不能主动与外宾握手，态度要不亢不卑，说话注意保密。

韩素音女士在上海美术创作办公室负责人张云聘的陪同下，来到枫泾。她观看了金山农民画最新的一批作品，并与农民画家进行了座谈。我介绍了金山农民画走过的道路，农民画家们谈了自己的真实想法。韩素音很高兴，说："金山农民画有着江南民间艺术的特色，也符合西方人返璞归真的审美情趣，如果出国展览，一定会受到欢迎。"得到韩素音和上海专家的肯定，大家对农民画的创作更充满信心。

四、鸡窝里飞出金凤凰

1978年11月,"全国农民画展"在北京中国美术馆展出,我县送去的九幅作品全部入选展出。这九幅作品是曹金英《公社鱼塘》、曹秀文《采药姑娘》、沈美珍《鸡场一角》、陈木云《放鸭姑娘》、翁曙光《锦绣江南水》、徐小星《果实累累》、夏增强《繁忙的渔港》、沈德贤《公社奶牛场》、朱希《穿梭引线织网忙》。这九幅作品除了《公社奶牛场》,其余八幅全部由中国美术馆收藏。我与八位作者,应中国美术馆的邀请,去北京参加开幕式并参观学习(其中陈木云因通知有误,未能成行)。当我们走到中国美术馆大门口时,只见一幅巨大的海报,出现在眼前,引起大家一阵惊呼。原来这幅海报画的就是曹金英的《公社鱼塘》。这是曹金英创作的第二幅画,采取蓝印花布的格调,鱼塘里布满了各种剪纸图案般的游鱼、水草、荷花,一只小船上两个姑娘正在喂鱼,天空中一只小鸟口衔小鱼飞过,让人感到朴素淡雅,而又生趣盎然,也充分反映了江南农村的特有风貌。大家都很兴奋,想不到金山农民画在全国初次露面,就引起美术界的如此热情的关注!由于这九幅作品都是在枫围公社一个养鸡场里创作出来的,因此被首都的评论家戏称为"鸡窝里飞出了金凤凰"。

说起养鸡场,那是1977年11月,我们又到枫围公社举办农民画学习班,但原来我们办过班的"近水楼"已经拆除,镇上没有合适的房子。公社干部告诉我们,公社培育树苗的林育场,那里有个养鸡场空闲着,让我们去看看。我们一时找不到更好的地方,就将就在那里办班。养鸡场的特点,面积够大,只是两边窗户很低,约一米左右,画画时,光线是从下面照射上来的,很刺目,一期学习班下来,我的视力大退。当时男的都住养鸡场,女的住在附近两间平房里。鸡场不远处,有一所农村小学,我们就在小学里搭伙,伙食质量明显比公社机关食堂要差,很少有肉吃,可谓"三月不知肉味",基本上是青菜、萝卜、咸菜汤,有时伙食费接不上,就泡锅酱油汤下饭。但丝毫没有影响作者的情绪,大家一心一意要闯出金山农民画自己的路子。若谁创作出一幅画,得到我的认可,大家都很开心。而我的头脑里也都装着他们的画,发现他们的画里有一点新的闪光点,就兴奋不已,因势利导,帮助作者把他的绘画风格推向极致。在这么一个艰苦的环境里,生活着一群怀着艺术梦想的人,他们创作出了一批举世闻名的作品,如曹金英的《公社鱼塘》、曹秀文的《采药姑娘》、陈芙蓉的《贺新年》、陈木云的《喧闹的早晨》、杨德良的《元宵灯节》等等。我们画了一个阶段,出了几幅满意的作品,大家心情非常舒畅,就想聚餐,庆贺一下。我们农民画作者个个身无分文,文化馆补贴农民作者每天6角(1979年后为8角)误工费,2角生活补贴费,而且不是现金,由文化馆将误工费寄到生产大队,再由大队转到生产队记工分。聚餐的钱当然由我出,权作对大家的慰劳。记得有一次,我让阮章云、庄亚伦上街买酒菜,可那年头买豆腐都要凭票,因此他们在镇上兜了一圈,只买回来几斤泥鳅和半篮螺蛳、几瓶啤酒。杀泥鳅,剪螺蛳屁股,让大嫂大妈们忙了半天。男同志在长椅背上搁上画板,拼成一只大餐桌,铺上白报纸,摆出一副"吃宴席"的穷派头。大家一面吃,一面高谈阔论,浮想联翩。我平时从不喝酒,那天高兴竟然也喝了几杯。喝了就兴奋,口吐狂言,说我们要把金山农民画拿到北京展览,拿到世界艺术中心巴黎去展览!大家听了我的鼓吹,都很振奋,信心大增。我说这话,并非信口雌黄,心中还是有底的。因为英籍女作家韩素音曾对我说,金山农民画返璞归真,一定会受到西方观众的欢迎。后来金山农民画果然到了法国巴黎、美国纽约等地展览,证明了韩素音的预言,也实现了我们的梦想。我们这批学员不为名,不为利,纯为兴趣而来,生活虽然艰苦,但大家都享受着创作的愉快。

我在养鸡场辅导农民作者之余,也即兴画画国画。我虽然离开了海军，但对大海，一直有着很深的情结。我用四条长凳，两两相叠，中间搁上一块画板，铺上毛毡、宣纸，凝神良久，胸中海浪拍岸，波涛汹涌。进入创作状态时，如痴如狂，一挥而就。大家看了，十分惊讶，说"吴老师变了一个人！"当然，即兴创作，成功率低，画得不满意，就捏成团，扔在纸篓里。结果这些扔了的废画，都被学员捡了收藏起来。开始我也没有注意，后来学员庄亚伦拿了几幅裱在木板上的画，上面还涂了塑，让我在画板的背面签个名。我问谁画的？画得不错。庄说，这是你扔了的，多可惜，我把它做成一件工艺品。我恍然大悟，也很欣赏他的别出心裁。

参加"全国农民画展"后，金山农民画获得很大的声誉，我们的处境也得到改善，以后的农民画学习班又回到文化馆，一期连着一期地举办。养鸡场也结束了它的"历史使命"，可就在这个破旧、简易的养鸡场里，培养了一批批农民画家，创作出一批批农民画精品。

五、金山农民画第一次集体亮相

1978年12月，由上海文化局、上海美术家协会主办，"金山农民画展览"在上海美术馆举行，展出五十余名作者的九十五件作品。这是金山农民画一次较为全面的展示与汇报，受到美术界、各大媒体和美术爱好者的重视。一位工人模样的观众说，"金山农民画闹猛来！"上海美协党组书记、上海文化局副局长吕蒙在座谈会上说"金山农民画色彩很响亮"。农民画青年作者朱希插话说："我们还要亮，还要亮！"吕蒙连忙说："可以了，不要再亮了，荧光粉不要用！"这次展出为日后金山农民画走向全国，走向世界，奠定了基础。

1980年1月，上海市文化局、上海市美术家协会在风雷剧场举行上海农民画授奖大会。我们接到通知，在县文化馆领导俞皓的带领下，二三十个农民画作者，从金山县朱泾镇出发。为了赶上开会时间，余皓特地去借了一辆由货车改装的中型客车，谁知一开始，车就发动不起来，司机折腾了半天，总算起动了，但半路上又抛了一次锚。当我们赶到南京路风雷剧场时已经十点钟，迟到了一个小时。因为这是专为金山农民画颁奖的大会，金山主角不到，会议无法进行，与会者足足等了一个多小时，才宣布会议开始。大会由美协秘书长蔡振华主持，我与曹秀文发言，文化局副局长吕蒙作总结发言。大会授予我优秀辅导员的称号，奖金一百元（这是"文革"后第一次拿到奖金），授予曹金英、曹秀文、沈德贤一等奖，七位作者二等奖，三十五位作者三等奖，文化馆也获得"先进集体"的锦旗。这是党和国家对金山农民画家群体的充分肯定和热情鼓励，也是金山农民画的一个极为良好的开端。

六、金山农民画的艺术特色

金山农民画家都没有进过美术院校,没有接受过专业的绘画训练,他们扎根在生活中,自由选择自己喜欢的民间艺术作为蓝本,作为创作的借鉴,从而形成自己的艺术语言、艺术风格。

首先,金山农民画家不用写生的方法作画,而是以"目识心记"来表现对象。因此他们对某个事物的观察,不可能停留在一个特定的视点上,而是移动的、多侧面的,甚至加上自己的想象和推理,得出那个物体的特征概念。这个特征概念再不能用焦点透视方法再现到画面上了,也只能用平面处理的方法,把几个不相同的侧面有机地组织起来。例如人们只能从不同的角度去观察一只杯子,才能得出一个比较完整的概念。但在某一个视点上看杯子,往往口成了椭圆形,底部呈现一条弧线。或看到正圆形口,而看不到杯子的高度。或目测到杯子的高度,杯子的口和底变成了两条平行线,就看不到口的圆形。然而人的认识不会受视觉所骗,无论问谁,大家都会回答说,杯子口是圆的,底是平的。所以,农民画家把杯子口画成圆形,底画成一条平线,表示可以放平的意思,是符合人们头脑里的形体概念。由此可见,存在于人们头脑的形体概念,已不是眼睛直观所见的东西了。人通过本能的分解、再组合等复杂的能动作用,超越了照相机式的反映,更精确地把握物体的本质。从这个角度看,农民画家的作品虽不符合焦点透视,但有它自己的道理!

第二,通过平面距离表达空间概念。农民画家都凭印象作画。人们在生活中,对某一事物的印象,是多角度多侧面的。比如你去某一地方游览,让人感兴趣的东西很多,但不可能在同一视点、同一瞬间、同一空间之中,然而这一切又构成了对这个景区的总的印象。因而，农民画家为了表现生活的需要，把许多不同时间、不同空间、不同视向的各种物体的特征、概念，错综复杂地交织在一起。或者，通过不同角度，把自己感兴趣的东西都描绘在一幅画中，超越了焦点透视、散点透视的表现限度。同一幅画里，出现了仰视、平视、反视等现象，构成了金山农民画的特殊构图形式。这种形式不但有很大的生活容量，还符合形式美的规律。所以，农民画里的空间关系，不采取明暗、虚实、大小来表现，而是通过平面距离来表达空间概念。此外，一个物体在人们头脑里留下的印象具有完整性，所以农民在画画时，都力求把对象画得完整，如用平面的方法来表现一只鸡的完整印象，常常画成正侧面，而正侧面最便于表达一种动势。我们可以从原始社会的壁画和我国画像石、画像砖里看到那些生动的形象，那样单纯，充满活力，不都是正侧面的吗？

第三，金山农民画家们的着色，不按照物体的本来颜色，而是出自自己的内心感受。这里的颜色如同音乐中的音符，有机地组成各种优美的旋律，用以抒发音乐家的丰富感情。颜色对农民画家来说，是他们赖以表达内心感受的重要语言，他们在实际生活体验的基础上，按照自己的思想意图和审美要求，予以重新安排。如陈木云原是农村以玻璃画为生的，在"文革"时，不能画漂亮的凤凰和鸳鸯，因为它们是"四旧"的象征，只能画鸡鸭来替代。但他把鸡鸭的羽毛画得像凤凰、鸳鸯一样五彩缤纷。用陈木云的话说："如果我画得与真实的鸡鸭一样，结婚的新房，岂不成了畜牧收购站！哪里还有喜庆、欢乐、幸福的感觉。乡亲们还能出钱请我画吗？"张新英在《江南小镇》里，用七八种原色互相反复对比，造成繁忙、热闹的效果。她说："如果用真实的色彩去画，会变成灰沉沉的旧社会的样子。"由此可见，人的感受有着复杂的因素，同一个景，在不同人的面前，会产生截然不同的感受。也许你认为他们的色彩太夸张，太离谱，但是从陈木云、张新英来说，只有改变事物的真实颜色，才能画出符合自己的感受。

农民画家着色不受自然色的局限，正如绕过素描、透视一样，在创作方法上是一大解放。如果没有这个解放，就没有金山农民画的绚丽色彩，农民画家的那种洒脱自如，纵横驰骋的艺术想象就得不到充分的表达。但是这种自由，并不等于任意涂鸦。她们在考虑每一块颜色，塑造每一个形象时，总是苦思冥想，反复推敲，从画面的整体效果出发，注意到主次、陪衬、呼应、协调、均衡等美的规律。如阮四娣说："画要随娘转。"意思是画要分主次。她又说："我的笔是随心走的，稀奇古怪，五颜六色，要画得好白相（好玩），总要选最趣（漂亮）的画。"张新英说："船舱不压重，出海要翻船；造屋不开窗，住人闷得慌！"意思是一幅画总要有黑白或色彩的对比。她又说："小小秤砣压千斤，看你提的哪根秤纽，打的哪颗星。"意思是画面的轻重、平衡都必须苦心经营。这些"画语录"都是农民画家们创作实践中的理论总结。

1: 吴彤章在辅导农村青年农民画创作班
2: 吴彤章正在辅导阮四娣创作
3: 1978年12月金山农民画第二次在上海美术馆展出

图1：1978年4月在枫泾林园场举办的金山农民画学习班学员合影
图2：吴彤章正在向学员讲解平面构成
图3：吴彤章正在辅导曹金英（右）、曹秀文作画

第六章　金山农民画轰动京城

一、从冷清到拥挤

金山农民画经过六年的摸索和实践已日趋成熟，并获得专家和社会大众的认同。1980年春，经中国美术家协会副主席华君武、上海市文化局副局长沈柔坚的推荐，由中国美术馆、上海市美术家协会主办的"上海金山农民画展"决定在北京中国美术馆展出。开幕前几天，我与阮章云带了138幅金山农民画到了北京中国美术馆。当一座金碧辉煌的大厦出现在我眼前时，不由得眼眶湿润起来。想到一群普普通通的农村妇女，在养鸡棚里创作出来的美术作品，将要在顶级的艺术殿堂里展出，心情十分激动，也真为她们高兴。

中国美术馆的副馆长曹振峰热情地接待了我们，又把金山农民画的展览安排在最好的展览馆底楼东大厅，工作人员也很帮忙，不到三天，所有展品都齐齐整整挂好在墙上。画幅大小，作品的冷暖调子也搭配得非常和谐，富于节奏感，整个大厅显得美观大方。我巡视每一件作品，又仔细地检查一遍，画面上哪怕有一点灰尘也要掸去，不能让它影响了作品的展出效果。

4月27日至5月20日"上海金山农民画展"在中国美术馆东大厅开幕。作品共138幅，海报用的是李翠英的《放羊山上笛声扬》。4月27日，是预展的第一天，事先中国美术馆向北京市美术界发了不少请柬，可是清晨下了一阵雨，来人很少。过了中午，天已大晴，但参观的人还是寥寥无几，我的心情开始不安起来。第二天，拟定接待驻京的各报纸杂志等新闻单位前来拍摄作品，但只来了一个单位，我不免感到城里人对农民的偏见是很难消除的，因此我对这次来京展览，不敢抱什么幻想。

第三天，潘天寿遗作在二楼预展，北京美术界不少著名人士从上午9

109

时起就陆续不断前来参观。"金山农民画展览"厅的大门正对着二楼的过道,观众路过门口,能够看到我们展厅的部分作品。也许是被一股浓郁的乡土气息、别开生面的艺术风格吸引,不少观众不由自主地走了进来。他们像闯进了一座奇异的艺术迷宫,用惊讶的眼神欣赏着每一件作品,嘴里赞不绝口。但也有一些观众带着疑惑的神情,农民能画出这么高水平的作品吗?是不是由专业画家代劳的呢?但是,请你想一想,有哪位专业画家能画出如此浓郁的农村气息和农民气质的作品呢?又有哪位辅导老师能包办代替如此众多风格、众多题材、众多鲜明个性的艺术创造呢?太多的疑问,使"金山农民画展览"出乎意料地在北京轰动了起来,参观人数直线上升,甚至达到了拥挤的程度。在留言簿上,许多参观者写下了激动的感言,还有不少参观者包括美术学院教授、学生,有外国朋友,有农民和喜欢画画的儿童,他们提出许多问题。例如当地农民有没有绘画基础?他们的艺术修养是从哪儿来的?你是如何辅导农民创作的?等等。我只能作一些简单的介绍,但已经说得口干舌燥,连午饭也赶不上吃。

二、来自各方的鼓励

展出期间，国家文化部部长黄镇、副部长周而复，中国美术家协会主席蔡若虹、副主席江丰、华君武、刘开渠，书记处执行主席张汀，在京的美术家、各国驻华使节都参观了展览。黄镇同志看了画展说："看到金山农民画，感到非常亲切，作品很有生活气息，色彩也很美。"陪同参观的曹副馆长插话说："大部分作品是一些农村妇女画的。"黄镇接着说："他们有绣花的功底，所以很会配色。可以组织出国展览。"当他听我说，上海进出口公司收购金山农民画四十厘米的每幅只有12—35元时，他说："价格定得太低，这是艺术，不能当一般商品卖给外国人。你们就说是我的意见。"

江丰看了展览说："金山农民画不同于户县农民画，有江南民间特色。前些日子，北京一些青年人搞星星画派画展，搬来外国的东西，而金山农民画是继承中国优秀的民间艺术传统，应该提倡。你们作出了很大成绩，要巩固下去，要再提高，再发展。"

华君武看了展览说："这是真正的农民画，辅导老师没有包办代替，吴彤章同志很有一套辅导方法，请他到一些美术院校介绍自己的辅导经验，大家来学习。"还说："金山农民画有浓厚的生活气息，有民族民间的风格，有传统的表现手法。有些美术工作者一说传统，就是中国水墨画，其实壁画、版画、民间工艺都有传统，我国的民间艺术是非常丰富的。你们这个路子是对的，要保持，要沿着这个路子发展提高，要吸取户县的教训。他们开始还有好的地方，后来专业画家去帮助提高，向专业靠拢，搞得没有农民的特色了。辅导者与农民作者的关系也很紧张，你们要注意这个问题，特别到国外展览，有些外国朋友出于友好，过高的评价，有些同志思想上就起变化，农民作者也会起变化的，要重视教育。还有出口问题，数量不要太多，不能给外国人满足吃饱，国画的教训你们也要吸取，多了价值反而降低。这个问题请上海美协具体研究一下。你们文化馆也要珍藏一套较精的作品，不要搞突击式创作，要平时积累，不能搞什么运动，艺术就是不能这样搞！"

张汀同志看了展览说："我接到请柬，特地来看金山农民画的，我认为金山农民画与潘天寿、伟天霖的画具有同等的价值。"他还对我说："你这个工作做得很好，比自己画几张画更有意义。现在重视挖掘民间艺术的人很少，然而中国的民间艺术是非常丰富的。我看了你们的农民画非常感动，艺术性很高，思想性也好，可说是做到了真、善、美。农民的画，反映生活很真实，思想感情很诚恳，很热爱自己的生活，对社会主义的热爱是通过生动的形象很好地反映出来了。有些受过专业训练的人拿透视、人体结构等等要求农民画，可能很多地方都错了。但农民画的题材，都是他们熟悉的生活，从生活的角度看，他们都没有画错，几乎没有，他们把话说得很清楚！农民对自己的东西，很有自信心。金山是上海的郊县，但没有受到半殖民地的影响，也不受文人画的影响，这是农民对自己的艺术很有自信心的表现，国外的马蒂斯、毕加索等大师，也不过如此！"

著名木刻家力群看了展览，在留言簿上写道："高度的创造性，高度的艺术性，向农民画学习！"他还激动地说："金山农民画是很高的艺术，有些人一谈就是外国的马蒂斯、毕加索，就看不到中国的民间艺术！我看金山农民画不低于马蒂斯，这是我们民族民间艺术的珍品，有些画，我是想不出来的，也是不敢画的。可是农民画家处理得非常好。"

中央美术学院副院长丁进文看了展览说："这是一个十分新颖的展览，打破了美术创作中老一套的教人不想看的局面。你们闯出了一条新路子，有民族民间的风格，又有时代感，为美术界增添了光彩。"

英国矿工画展的随展专家参观画展后说："金山农民画比户县的好，户县农民画在英国很有影响，如果把金山农民画介绍给英国观众，一定会有强烈反响。"

日本美乃美出版社的负责人说："金山农民画艺术风格非常新颖，真实反映了中国农民的生活和艺术情趣，我们想出版一本画册，介绍给日本人民，一定会受到欢迎。"

比中友协主席范登德利舍、秘书长贝湖要求购买在京展出的全部作品，计划9月份国际博览会在比利时开幕期间，展出金山农民画。

英国驻《中国文学》专家白霞女士说："金山农民画比户县的好，可是宣传不够。我帮你们写信给美国波士顿一位负责美展的朋友，争取到波士顿去展览或展销。"

西德一位朋友名叫白云台，她连续参观了五六次，说："非常喜欢中国的民间艺术，我介绍过安塞的剪纸，我一定要把金山农民画介绍给德国人民。"

瑞典大使馆一位文化专员叶古春，他看了画展高兴地说："你们的作品非常好，我要把情况向瑞典反映，争取请你们到瑞典展览。"他还介绍他的同事到展厅来购买金山农民画，一次就购买了四幅。我们在展厅设有金山农民画的卖品部，这次展出，卖品部的农民画销售过大半。

中央美术学院学生会邀请我去介绍金山农民画的创作情况。北京市文化局组织区县美术干部座谈会，请我去介绍金山农民画开展活动的情况及辅导经验。中央工艺美术学院几个老师在课堂上举办金山农民画的艺术特色专题讲座。中国美协副主席张汀召开了金山农民画座谈会。陕西省美协看了展览，立即邀请我们去户县和西安展览。

全国各大报纸杂志如《光明日报》《文汇报》《美术》《人民画报》《中国文学》《中国建设》《装饰》《中国妇女》《大世界》《香港美术家》《农民报》以及中央广播电台等媒体，都刊登和介绍了金山农民画。

三、张汀三看金山农民画

张汀连续看了三次展览。在中国美协组织的座谈会上,作了长达一个多小时的主题发言,高度肯定了金山农民画发展道路和艺术成就。后来,这个发言经过浓缩,发表在《新观察》上,题目就是《三看金山农民画》。摘录如下:

近几年,我对民间艺术有些担忧,因为曾经很有地方特色的民间艺术,特色越来越少了,甚至引起我的怀疑,某些所谓民间艺术,是否真正是"民间"的? 如像某些民间剪纸,只是追求工细、写实,与绘画几乎分不出了;民间陶瓷,经过学了一点基础图案的人,进行"帮助提高",弄得不洋不土,失去了原有的地方特色;陕西户县的农民画,最初看到时极好,过了几年再看到时,几乎与文化馆的宣传画没有两样了。……

金山农民画展开幕后,我带着疑虑的心情到会场。然而,出乎意外,第一眼就使我兴奋起来,这是真的、美的、善的,是高质量的农民艺术,于是我情不自禁地连声称赞:好! 好! 好! ……

金山农民画究竟好在哪里? ——我的第一个直觉是:这些画都表现出一种乐观情绪,这种情绪强烈地感染了观众。

他们对生活中的各种新事物,关于过年、集体结婚、托儿所、养蜂、生小牛等等,都形象地、生动地表现出来。对他们的生活环境:冬天竹林的雪,夏天的瓜棚、荷塘、果园、渔港等等以及金山特有的那种飞檐的瓦房——都描绘得十分美丽和丰富。他们热爱生活，没有对生活的爱，就没有那么强烈的趣味去描绘，这是生活主人的态度。——金山农民画每一幅画，都是一支光彩闪烁的民歌，他们是健康、朴实、清新、活泼而又意味深长！

金山农民画与我国古代壁画、民间年画在艺术处理上是一脉相承的。大场面构图十分严谨，细节是精致而不繁琐，如《过年》《满月》等画，引人入胜，令人感到丰富满足。

金山农民画不受透视限制，充分使用空间，如《布店》《鱼市》以及静物画都是如此。

农民画与儿童画都有人类早期文化的特色，对专业艺术工作者来说，有很多地方值得借鉴。只要不带偏见，虚心对待，就会得到启发和反省。因之，金山农民画的被发现，金山文化馆是立了功的。至于今后如何引导和提高，需要更加审慎研究。

我很同意这个说法，即民族传统包括民族与民间两大部分。而民间艺术，除鲁迅先生过去提倡的民间年画等之外，应当把农民自己的创作包括进去。我以为这一部分尤其重要，因为在旧时代，农民不得温饱，哪有条件和余裕去画画。

伟大的鲁迅先生，也未能预见到今天金山农民画能达到这样的辉煌成果。

图1：向张仃先生请教

图2：1980年4月27日—5月20日金山农民画展首次在中国美术馆展出

第七章　酒瓶盖是怎样打开的

一、坚信她们的"瓶"里装着好酒

通过几年的组织农民画创作的实践，我越来越清晰地认识到农民画作为现代的民间艺术，必须扎根在现实生活的土壤里，富于浓郁的地方色彩，才能具有强大的生命力，因此发现并选择本地的民间艺术样式，对于农民画创作的成败是至关重要的。只有在传统民间艺术的基础上推陈出新，才是农民画发展的正确道路。城市青年和农村青年，他们接受能力强，学习素描很快，但他们不了解传统。农村工匠，他们有一套成规框框，缺乏艺术个性。农村妇女他们有描花、刺绣、剪纸的熏陶和实践经验，但要她们将原来的刺绣、剪纸民间艺术转化成另一种完全不同的样式——农民画，可不是一件容易的事。

作为一个辅导老师，我首先坚信这些能刺绣、剪纸的农村妇女，她们的瓶里，都装着极好的"酒"，关键是如何想方设法把瓶子盖子打开，让酒痛痛快快地倒出来，而无须把自己的"酒"灌到她们的瓶子里去。

首先，必须帮助这些农村妇女克服自卑心理，树立信心。因为农民对城市文化有一种天性的向往，往往认为自己的作品不如那些形象逼真的通俗绘画。他们意识不到自己在艺术思维和艺术样式上的长处，缺乏艺术的自觉性。因此辅导员的一个重要责任，就是让他们理解并把握自己的特长，进入比较独立、自觉和自由的创作状态。其次，辅导老师为了帮助农民画作者，从他们的瓶子里面的酒痛痛快快地倒出来，就必须了解农民的生活、感情和审美习惯，不仅要懂得农民画的共通的艺术语言，还要懂得各个农民画作者的个性化的艺术语言，帮助他们把语言讲清楚，讲得美；帮他们逐步建立起艺术个性。

得到中外美术界和社会公认的金山农民画家如曹金英、阮四娣、张新英、陈木云、陈德华、陈芙蓉等都有相似的经历。

二、绣花能手曹金英

　　曹金英是第一位参加金山农民画的中年农村妇女，大家称她大嫂嫂。她原是农村绣花能手，我看到她绣的"三桃帽"，鲜艳大方，印象极深。1978年2月，我请她到县文化馆参加农民画学习班，虽然她不知怎么画农民画，但经过我们的动员和鼓励，她还是爽快地答应了。报到那天早上，她带了铺盖和够吃二十天的大米，乘上一只摇往枫泾镇的水泥船（到枫泾镇转乘公共汽车才能到县城朱泾）。船上坐着不少同村人，问她到哪里去。曹金英是个直肠子，有啥说啥，就说"我到朱泾参加文化馆办的农民画创作学习班"。大家都笑了。有人说"有这样的好机会，为啥不叫你女儿去，将来可以把户口转到城里吃皇粮呀！"又有人调侃说"自己岁数半百，去学画图，真是八十岁学吹打——寿长气短，难道还想上北京见华主席？"虽然是善意的嘲笑，却把曹金英说得脸上红一阵白一阵，她生气地说："是文化馆吴老师通知大队叫我去学习的，不是我抢着要去的。"大家听了又七嘴八舌议论起来："吴老师为什么要指定她去学画？""她有什么与众不同之处？"此时的曹金英真想找个地洞钻进去！自此之后，曹金英再去文化馆就绕道走小路，路上若遇人问起，就搪塞说"到枫泾镇上买点东西"了。

　　曹金英初到学习班不知所措，缺乏自信。她到镇上的新华书店看挂在那里的年画，回来对我说，我去新华书店看了，这样的画，我画不来，我回去了。我说，不要你画这样的画，我要你画熟悉的绣品里的东西。她说绣品是用针在布上绣出来的，在纸上画不出来。我说你就把纸当成布，把笔当作针，把颜色当作五彩的丝线，像绣花一样进行创作。我拿了一张长方形的纸给她,让她回忆农村有没有长方形的绣品? 她说有啊,床檐就是,我在上面绣过龙。我就让她在纸上画条龙试试。她很快用铅笔画了一条巨龙,很有气势。我肯定了她,并要求再加点人物,画成民间的调龙灯。她说,不会画人。我就随意勾了两个人物以作示范,告诉她人物不用画得很像,只要画出动态就可。她回忆起年轻时跳花灯舞的情景,把它们化用到画上,十几个人物,有跳舞的,有放鞭炮的,有围观的,画得简练生动。接着,我与她研究这幅作品的主题,觉得应该反映农村庆祝丰收的情节,于是又加上两个高举"喜庆丰收"的横幅的人物。画面构图都完成了,接着就是上色,曹金英又感到为难了。我就让她把颜料当丝线,原来用什么颜色的丝线,就用什么颜色画上去。她说原来我是在红色的绸缎上绣的,现在是一张白纸。我就让她先在纸上平涂红色,把它当作红绸缎,根据刺绣的经验,再配上其他颜色。画完后,我一看乡土味十足,效果极好,充分反映了江南农村的特色。

　　曹金英第一幅作品《庆丰收》完成以后,我很兴奋,觉得终于找到了金山农民画的正确道路。当时正巧上海文化局和美创办要举办一次有油画、版画、国画等各种画种的综合性美展,我就把曹金英的《庆丰收》送到上海参展,评委们不知把这幅画归类到哪里,结果落选了。消息传到金山文化馆,引起了一阵骚动。有人说"金山农民画搞成了四不像",又有人说"大方向错了"! 农民画作者中,也有人产生了疑问:"这样画下去,行不行?"尤其一些学过素描的青年人,希望回到专业的道路。但我很坚定,我们搞的就是"四不像"! 这也说明我们的农民画开始形成自己的艺术形象、艺术语言乃至艺术风格。后来的事实证明,我们这条路是走对了。曹金英后来也不断创作出好作品,她的第一幅《庆丰收》是红色的暖调子,而第二幅画《公社鱼塘》完全用蓝白色的冷调子,构图完整,风格鲜明,充分显示出她的艺术才华。1978年10月,这幅画参加由中国美术馆主办的"全国农民画展",被用作画展的海报,得到美术界的一致好评。曹金英也成为金山农民画家中最杰出的代表之一。

三、多才多艺的阮四娣

阮四娣参加农民画学习班的时候已经七十二岁，她是一位剪纸、刺绣、织布都擅长的多面手。在方圆十里的农村里，凡遇婚庆喜事，或逢年过节，都要请她去帮忙，剪些《百年好合》《吉祥如意》《早生贵子》等纸花。拿这些剪纸布置农村的新房，装饰农村的嫁妆显得极其和谐和统一。她的家住在离朱泾镇较远的漕泾公社，开始我们没有发现她。但在学习班上我总是动员学员推荐乡里村里能绣花剪纸的农村妇女，前来参加农民画创作。一次，青年学员陈铧回家，对他母亲说起此事，被在旁的阮四娣的女儿听到了，就说她妈妈剪纸很好，只是年纪大了一点，已经七十二岁，不知吴老师收不收？我对陈铧说你去征求一下她本人的意见，只要她身体还好，就可来试试。阮四娣显得很有自信，爽快地答应了。离家时，老伴对她说："你好好去画画，家里的事不用担心。吴老师不叫你回来，你就不要回来。"

阮四娣的年龄最大，大家称她阮婆婆。她第一天到学习班的时候，我问她能剪什么花样？她说能剪十二月花名。我说能不能剪一只花篮，里面装着四季名花？她答应试试看。她随心剪来，不到半天工夫，就完成了，而且很有特色。我进一步要求她用铅笔沿着剪纸的边缘线，描在纸上。她从未拿过铅笔，使用起来很吃力。当一幅线描稿完成后，我让她涂上水粉颜色。她化了两天时间，完成了她的"处女作"，冷暖色彩搭配得非常强烈而又十分协调，有着浓郁的乡土气息。我很高兴地替这幅画取名为《万紫千红》。阮婆婆这时更有信心了，她说像这样画法，我可以画出许多画来。之后，她用先剪后描的方法，创作了不少为大家所称道的作品。

阮四娣对画画有自己的看法。她说她的画笔是"随心走","要选最'趣'的画"。她有一幅《三只鸡》,极为著名。她把一只公鸡和两只母鸡变了形,极为生动。为了画得"好看",不仅使用了各种强烈的色彩对比,还把鸡爪翻转过来,画出它们的金黄色的爪掌心。有人问她,为什么这样画? 她说,"爪掌比爪背好看,看起来像朵花"。所有这些强烈色彩,衬托在素净淡雅的蓝色背景上,更鲜艳夺目。她画母鸡生蛋,把鸡肚子里的蛋也画出来,她画画完全忠于自己对生活的感受,而不受条条框框的束缚,整个画面在造型、构图、色彩上的极端自由、大胆,让专业画家都叹为观止!

　　阮四娣的农民画作品极受大家的欢迎,外国朋友称她为"中国的姆西"(姆西是美国的一位老太太,著名画家),也有把她称为"农民毕加索"的。外宾来画院参观,常请阮四娣当场表演剪纸。她的剪纸简练大方,深受外宾喜欢。她剪完就将作品送给客人,从不收钱。有一次,一名智利雕塑家来访,对阮四娣送给他的剪纸爱不释手,连忙回送了五十美元。阮四娣执意不收,对翻译说"收了钱,就塌伲中国人的面子!"外宾很感动,说"中国老婆婆真了不起"。

　　为了照顾阮婆婆的生活起居,我让她的孙子前来陪伴,宿舍就安排在农民画院里。祖孙两人在画院里生活得其乐融融。我退休后,画院让住在画院的作者全部回家。阮婆婆回家后,生活过得十分艰苦,也放弃了她钟爱的农民画创作。我与新英去看望她的时候,她已骨瘦如柴,不久就离开人世了。

四、"鸭司令"陈木云

陈木云是农村青年,家住原金山县兴塔公社,他母亲和姐姐都是村里的织布能手。他自幼看着她们如何经纱,如何配色,如何织布,耳濡目染,培养了他对色彩的敏感。他在念小学的时候就喜欢画画,没有教材,就临摹镶嵌在大床、大橱上的玻璃画,通常有鸳鸯、凤凰、牡丹之类色彩鲜艳的图案。"文革"中破"四旧",家家户户床上橱上的玻璃画都被砸碎了。"文革"后期破"四旧"的风潮过去了,农民们又把玻璃配起来,但买不到彩色的,只有无色透明的玻璃。于是他们来请陈木云画画。彩色玻璃画是一种特殊的工艺,不是一般的颜料能画得上去的。陈木云只能根据玻璃的大小,画在纸上,然后贴在玻璃的后面。但画什么呢?原来那些鸳鸯、凤凰不能画了,就用鸡、鸭来代替。陈木云知道乡亲们喜欢什么,他把鸡鸭画得像凤凰鸳鸯一样漂亮,深受大家欢迎。"红卫兵"见了,也无话可说。

1976年7月,他来参加农民画学习班,根据县里出的一些政治口号式的题目,他整整三天蒙头睡觉,画不出一张小稿。我与他聊天,他说不知如何下笔。我对他也不了解,让他根据自己熟悉的随意画一张看看。他很快画出了一幅《金鸡独立》,色彩鲜艳,形象夸张,让我眼前一亮。原来他很有绘画的天赋。我就不再出题目了,让他爱画啥画啥,结果他以鸡、鸭、鱼为题材,创作出了一批优秀的作品如《放鸭姑娘》《喧闹的早晨》《竹林尽处》《田螺与稻鸡》等等,尤其对画鸭,情有独钟。他的一幅画中可画上百只鸭,形态各异,色彩缤纷。所以大家戏称他"鸭司令"。

他的一幅《网中鱼》得到著名美学家王朝闻的竭力赞扬。王朝闻在1983年"全国民间美术研讨会"上的发言中说:"我最感兴趣的金山农民画之一，是陈木云的《网中鱼》——画面上群鱼的走向和相互关系的结构，使我直觉地联想到陶纺轮那种漩涡形的纹饰。基本形接近在静止中显示了动势的太极图的这一画面。没有在强调鱼的紧张时，去强调鱼的跳跃，而是让鱼们的走向构成了漩涡形。尽管画面上没有画人，但我分明感到捕鱼人的兴奋和喜悦的心情。不妨这么说，人的兴奋和喜悦，不是依赖直接出现在画面的捕鱼人来表现的，而是通过画家对于群鱼的动势的把握而间接表现出来的。画家自己的喜悦，间接在群鱼的动势中得到了生动的非常耐看的表现。——作者的构思无愧于造型艺术家的职责。"

1993年，金山农民画院创办金山陶艺研究所。所长阮章云邀请陈木云参加陶艺制作工作。1994年我退休。新来的画院领导推行经济承包制，阮章云因持不同意见被撤换，陈木云也离开画院回家。此时，陈木云家里的土地被乡镇企业征用，他就到处打工。他天性喜欢手艺，买了一台木工车床，业余时间拿木块车成各式花瓶。不久前，我去看他，见屋里大大小小的木质花瓶一大堆。我问有何销路？他笑笑说，自己还不很满意，不想卖。问他生活情况，他说已到了退休年龄，镇保每月一千四百元，还过得去。我听了有点心酸，但也爱莫能助。

五、熟悉民间故事的陈德华

一次我到松隐公社去办学习班,公社抽调了十几个学员,有中学教师、知识青年、泥水匠、农村妇女等等,其中有一名妇女叫陈德华。她读过小学,但从来没有接触过绘画,公社让她来,只不过凑个数而已。二十天学习班结束,别人都交了好几张画,陈德华只交了一张,画很简单,画了棵玉米,玉米上停了一只大鸟。大家不屑一顾。结果,在这十几人中,我独独选中了她。当时公社里的同志不理解,很有意见。我告诉他们,我挑选的标准,是有个性、色彩感强烈的怪路子。后来我与她交谈中,了解到她能饮酒,性格豪爽倔强,平时喜欢听说书,看戏曲。因此她对《白蛇传》《牛郎织女鹊桥相会》《诸葛亮借东风》《少林寺》等民间故事非常熟悉。我就让她从这些民间故事入手,结果,她画出来的《鹊桥相会》就是与众不同。她画的银河,就像地上的河流,河里有许多鱼。有人问她,为什么天河里有鱼? 她说,天河里闪闪发光的星星,不就是鱼的眼睛吗? 她画的牛郎、织女只画眼眶,不画眼珠。问她为什么? 她说,牛郎织女这对夫妻,由于王母娘娘的百般阻挠,一年只能相见一次,两人相见时热泪盈眶,眼眶里既然噙满了泪水,哪里还能看得见眼珠呢! 陈德华画的人物,在形式上受江南纸马的影响,在内容上受戏曲和民间故事的熏陶,对画中人物充满感情,构思奇特,给人留下深刻印象。

陈德华的作品,个人风格突出。她的作品虽然得奖不多,但也有人特别喜欢。如美国旧金山文化中心的吴定一就专门收藏她的画,中央美院一个德国留学生白云台(女),也专买陈德华的作品。

六、见多识广的陈芙蓉

陈芙蓉是曹秀文的婶婶，大家随着曹秀文，唤她"老婶妈"。我到枫围公社采风的时候，曹秀文向我推荐了她。她过去曾在上海的资本家家里当过保姆，也帮他们绣花。对一个农村妇女来说，可谓经历丰富，见多识广。我拿出一张纸，不出题目，让她随意画。结果她画的房子小，人站在房子里比门框还高，她的办法不是将人缩小，而是将门框画到屋檐，甚至去掉屋檐，直接升到屋顶，不讲逻辑，但很有趣味性。她的色彩也有自己特点，不从客观自然出发，而从配色效果出发，个性鲜明。后来她创作的《出嫁》，背景是大雪天，屋顶与树上都是白色的，地是黑色的，画面中间是一顶橙黄色的迎亲花轿，非常夺目。她的《过年》，也是大雪天，亲朋好友互相拜年，四周地上却开满五颜六色的鲜花。问她大雪天为什么开满鲜花？她说，过年是个喜气洋洋的节日，拜年时大家的心情也是很开心的，鲜花就能表达这种欢乐的气氛。

陈芙蓉为人爽快热情，村里不论哪家有婚丧喜庆，她总去帮人家烧菜。大约是1979年的一天，吕蒙、黄准夫妇来金山看望农民画作者，我与新英陪同他们到枫围公社胜利大队陈芙蓉家，陈芙蓉非常热情，烧了一桌子菜。吕蒙夫妇在她家住了一晚，第二天早餐，陈芙蓉又端上一只大蹄髈，不管客人吃不吃，她总要尽地主之谊。曹秀文对我说，她婶妈就是喜欢烧菜，但每个菜放的作料都差不多，因此味道也差不多。画如其人，陈芙蓉的用色也比较杂，但她的作品透露出一种农民特有的纯朴与热情，形成她独特的风格。

还有徐桂宝的画也很特别。原是她儿子徐小星先参加农民画学习班，推荐他妈妈来试试。我让她随意画点什么，她画了两只鸭，有点像儿童画，充满童趣。我当即就对徐小星说，你妈妈比你画得好。后来她画的《卖猪去》，一猪一色，非常有趣。她的《小镇节日》，房子画得像搭积木，形成她带点原始风味的独特风格。

　　总之，这群以农村妇女为主体的农民画家，对传统的民间艺术都有深厚的功力和真挚的感情。他们学不了别人的画，别人也学不像他们的画，他们是一群艺术个性非常鲜明独特的农民画家。

七、张新英自述创作农民画经过

我 1979 年就退休了。在厂里做"三班制",即早班、中班、夜班轮流做,做了二十七年,还带大了三个孩子。当时孩子的爸爸在部队工作,很少回家。光家务就忙得团团转,逢到星期天,事先就要打算打算,洗的、买的、替孩子们办的事需要合理安排时间。可再合理安排,时间总是不够,看看钟头,好像在跑马,眼睛一眨,一天就过去了。看看人家女同志,在家里吃吃、玩玩、睡睡像个活神仙,心里想什么时候我也能过上清闲的日子。退休后一两个星期,确实感觉到很轻松,不再为上班提心吊胆了。但是过了一段日子,觉得时间越来越长,闲着无事并不好受,想找点事做,寻寻乐趣。

三个孩子给我出主意,老大说买本烹饪书,研究研究炒菜技术。老二说到公园里去打打太极拳,活络活络筋骨。三姑娘说可以养养金鱼种种花,有益身心健康。听了孩子们的建议,我觉得都有道理。于是,我去新华书店买了《烹饪指南》《种花卉指导》《怎样养金鱼》等书,也到花鸟市场买了各种金鱼和盆栽的花木。开始兴趣很浓,几个月下来,也摸到了一些门道。但老吴回家时说起金山有个七十多岁的阮婆婆,她画的农民画得到专家和外宾的称赞。真所谓"说者无意,听者有心",我想人家这么大年纪,还有所作为,我身体很好,在家里闲着无事,想想实在不好意思。但我文化水平不高,除了织布,还会做啥?想来想去,想得失眠了好几天,还是想不出路子来。

有一天,老吴带了一卷金山农民画回家,说第二天要送到上海美术馆参加展览。我打开一看,非常好看,但也不难,心里暗想,我在乡下也绣过花,而且在农村姑娘中也算得心灵手巧的,这样的画我也可能画得出。但我没有立即向老吴提出。隔了一天，老吴去金山了，我就与三个孩子商量，妈妈学农民画行不行。孩子们七嘴八舌，有支持的，有反对的。我怕人家笑话，一个人偷偷地画。又过了半个月，老吴来上海开会，我问老吴："我画农民画可以吗？"老吴严肃地说："你画个样子给我看看，看你有没有艺术细胞。"我像小学生交作业一样，拿出早已画好的彩色小稿，紧张地注视着老吴。

老吴看着我的画稿，就高兴地念起诗来："众里寻他千百度，蓦然回首，那人却在灯火阑珊处。"我听不懂，问他什么意思？他说，为了寻找适合画农民画的作者，走遍了金山县每个乡村，有天赋的真是凤毛麟角。想不到我要找的人就在我身边！然后，他夸奖我色彩搭配、构图造型都有民间艺术的特色，而且在处理平面构图方面很有创造性，是一般专业画家所想不到的。

原本我是鼓足勇气拿出画稿来给他看，做好被批得一塌糊涂的思想准备，想不到他的评价这样高！还对我说，你随我去金山参加农民画学习班，和大家一起画，进步会快一点。我激动得眼眶里满是泪水，想到小时候，父亲去世早，母亲要下田干活，我是老大，家务和带领弟弟妹妹都是我的责任。十九岁那年到上海做工，我宁可工资小一点，换个常日班，晚上可以读夜校。可是厂里生产任务很重，厂领导根本不理会我的要求。后来生了一对双胞胎，读书的念头也就打消了。今天老吴让我到金山去学习农民画，我好像抓住了最后一根稻草，非常珍惜这个机会。

晚上，孩子们回家，听老吴一分析，大家都很高兴。三姑娘最活跃，拍手说，妈妈是天才！老吴又说，妈妈到金山去，你们的生活能够自理吗？孩子们迟疑一会，异口同声说："行，行！妈妈放心去金山，我们都长大了。"老吴有四天假期，我在这四天中，缝缝补补，洗洗晒晒，尽可能帮孩子们的生活安排好。第五天，我随老吴到了金山文化馆。他把工作室隔成两间，里面当房间。

农民画的创作室就在隔壁，我看那些专心作画的大多是农村妇女，我也是农村出身,所以没有一点陌生感。经老吴介绍,大家非常欢迎,我也见到了那位七十多岁的阮四娣老婆婆,她的画真好看,我十分羡慕。

学习班二十天一期,由文化馆给农民作者补贴工分和生活费。我是工人,有退休金,就不享受补贴了。这些农村的大嫂、大妈,都是老吴挑来的,有的绣花绣得好,有的织布配色配得好,有的能剪出各种花样来,真是八仙过海各显神通。我们把画成的小彩稿,集中贴在墙上,大家一起讨论,提出修改意见,最后由老吴讲评指导。一张稿子有时要修改十几遍,老吴点头了就算闯过第一关,画大稿还需不断修改,才能完成一幅创作。在这个创作过程中,大家分享着快乐。

老吴身体不好,得过肝炎,我不让他吃食堂,买了一只煤球炉自己烧饭菜。那时甲鱼不贵,每星期买一两只。后来,老吴看我做饭,要花很多时间,影响创作,就请一位阿姨帮忙,让我专心画画。

1980年4月,金山农民画到北京中国美术馆展出,我创作的第一幅作品《老宅》和第二幅《又是春风到》都入选参展,受到专家的好评。一个英国专家将《又是春风到》介绍给英国一家杂志发表了。

金山农民画在北京的展出引起轰动,在国内外有了名气,经常有国内外专家、学者、记者及各地的农民画作者前来参观访问,进行艺术交流,我也增加了不少绘画知识。有一次老吴出差半个月,我根据小时候家里烧年夜饭的印象,构思了一幅画稿。右边画一堵灶头,左边画一桌祭祖用的酒菜。老吴回家看了我的画稿二话不说,拿起剪刀把画稿剪成两半,说一台戏不能有两个主角同时在唱,分成两幅,每幅的构图都很完整。我按他的意见改成两幅,一幅题为《厨房一角》,刊登在1982年8月的《美术》杂志的封面上,受到美术界的关注,他们感到风格新颖,看不出受那个流派的影响,在纽约国际画廊展出时,获得很高的评价。

另一幅题为《新灶头》,在"中国首届风俗画大奖赛"中荣获一等奖,在上海江南之春画展中,又获一等奖。后来我连续画了《花灶头》《素灶头》《灶头间》《闹厨房》等作品,都在各个画展中获奖。我为什么对灶头感兴趣呢？是童年时代家乡的灶头给我留下的深刻印象。我家乡奉贤有个习俗，凡生了男孩，灶头一定要砌得十分讲究，灶壁上画上各种寓意吉祥的图案，如聚宝盆、刘海戏金蟾、鲤鱼跳龙门、八仙过海、喜鹊登梅、石榴多子等等。凡嫁女儿，先要看夫家的灶头几个眼，灶壁画得是否富丽堂皇。我与老吴出去旅游时，很注意当地的灶头，鲁迅故居、茅盾故居的灶头以及颜文樑画的苏州灶头，都比较素雅，都不及我老家奉贤的讲究。

老吴每次去上海开会，先要看大家的画稿，提些意见再走。有一次我在创作一幅《灶头间》，画中有一根窗槛。老吴说，一根很长的直线出现在画面里不好看，要在窗槛上放一件东西，破掉它。老吴走后，我就思索，放什么东西好？放一块抹布，不好看；搭一件衣服，也不合适。不经意间，看到自家养的一只猫，匍匐在我的身边。我突然有了灵感：让一只猫匍匐在窗槛上，不就解决问题了吗！如果我是专业画家，可以立刻把它画出来，可我不会写生，即使会写生，也配不进我的画里。于是我跑到农民画的陈列室，看看其他作者是怎样画猫的。看来看去，都找不到称心的，还是自己啃吧。我先用白颜色画个猫的形状，再用黑颜色的笔加以修改，这样画来改去，把猫头画成了半个月亮，把猫身画成了小囡睏的枕头，很好玩，自己看看也要笑出来。

这时，老吴从上海回来了，还带来美术电影制片厂的导演阿达。他们俩本是好朋友，阿达对金山农民画很感兴趣，想拍成电影，因此到金山来了。他看了我画的猫说："这猫画得好，很别致。"老吴说："造型概括，也有风格。"他们两人一吹一唱，我有点吃不准，不好意思地说："我画得不像。"阿达说："这样好，有趣味，你抓住了猫的特征。"老吴也说："这才符合你的个性，简简单单里透着幽默。"这时我知道他们是在肯定我，顿时松了一口气，总算没有白费心思！

我看辰光不早，赶紧上街买菜，与阿姨两人急忙烧了几盆酒菜，谁知阿达不喝酒，老吴生过肝炎，滴酒不沾，两人以茶代酒，边吃边谈。阿达有个想法，想让金山农民画拍成动画片，活动起来，并说喜欢我画的猫，要我多画些不同神态的猫，串联起来，编成一个好玩的故事。老吴说我平时喜欢养猫，还收留了几只流浪猫，性格都不一样，所以创作素材不成问题。他们越说越投机，给我的担子也越压越重。

自从阿达来过后，我把原来打算画的稿子都放下，专攻画猫。老吴建议我先要设定一个猫活动的典型环境和情节，再分配猫的各种角色，像演戏一样，互相配合演一台戏。我琢磨将猫放在厨房里，趁主人不在时"大闹天宫"，这里面有偷食猫、强盗猫、苦恼猫、煨灶猫、爱打斗的猫，姿态各异，构成一幅非常热闹的场面。我画了一张色彩小稿，老吴看了说，你把猫画成了一个小社会，很好。要突出猫的动态，建议你用黑白灰素调子为好。我采用老吴的建议，改成灰调子。但感到猫还不够突出，就联想到平时蒸一盆鱼，讲究色、香、味，要在鱼肚上放几根胡萝卜丝。于是我试着猫的胡须画成两根胡萝卜丝，老吴见了说，不错，你给猫打了一个漂亮的领结，有趣味！第一幅画就这样完成了。

第二幅，画一群猫在屋顶上叫春，有攻势的，有守势的，有相互对峙的，胆小的溜之大吉，胆大的蹲在屋脊上"隔山观虎斗"。我在攻势猫的身上画一个弹簧样的花纹，在守势猫身上画一块顽石样的花纹，那对峙运功的猫，拱起背，毛纹皱成几条竖立的曲线。老吴看了说，你把猫的心理活动用不同的花纹外化了。与京剧脸谱人格化，一脉相承。你说，你画画没有法，这不是移花接木法吗！

我老家的村庄是独家村，我四五岁时，没有别的小孩子跟我一起玩，平时一个人坐在门槛上等大人田里收工回来，看场地上的鸡、鸭、鹅、狗跑来跑去，有的在稻草堆里觅食吃，有的被狗追得团团转。每当惊蛰季节，春雷一声响，蛇、虫、百脚（蜈蚣）都出来了。有一天，雷雨刚过，从柴堆里冲出一群赤膊鸡（正在换毛的童子鸡），在追抢一条百脚，叼着百脚的鸡跑在最前面，其他的鸡跟在后面，发疯似的在场地上飞跑，泥地上踩出了密密麻麻的鸡脚印，像被风吹落了一地的竹叶，非常好看，给我留下了深刻的印象。老吴常说艺术来自生活，我想我童年时的一段有趣的经历，可以画成一幅画。

于是我在铅画纸上画了许多不同姿态奔跑着的鸡,老吴帮我挑选了十三只跑得最生动的鸡,我把它们剪下来,放在另一张纸上,编排组合成一个好看的画面,然后再用铅笔将鸡的轮廓线描下来,分别涂成黑、白、红、绿、蓝五种颜色,底色用土黄色,再打上褐色的鸡脚印。老吴看了说,很像非洲的原始艺术,具有强烈的视觉冲击力!还取了个好听的名字叫《旋风扫落叶》。

这幅画送到上海"江南之春画展"参展。画展开幕那天,我与老吴去参观画展,心里七上八下,我的赤膊鸡,有点野头野脑,不知评委吃得落呃?我们刚踏进展览厅大门,迎面走来一位老先生,向老吴打招呼,又问"这位是不是张新英同志?"老吴介绍后,他向我翘起大拇指对我说:"侬画得好,侬画得真好!"我感到非常突然,心里悬着的一块石头终于落地了!至于老先生的夸奖,也没放在心上。

我们急着走进大厅,迎面就挂着这幅《旋风扫落叶》。我们没有按展览顺序参观,先去看了自己的画,见标签上写着"获一等奖"。我有点不敢相信,向展厅扫视了一圈,确实感到《旋风扫落叶》最抢眼,这时我才明白了老吴说的"视觉冲击力"是啥感觉了。也想起刚才那位老先生可能是评委。老吴告诉我,刚才那位老先生是上海美术家协会秘书长、著名装饰画家蔡振华先生,北京人民大会堂的上海厅里的布置就是他设计的。我听了十分惊喜,一位大画家这样和蔼可亲,看重业余作者的作品,使我非常感动。

第三天,上海群众艺术馆寄来一张《大众艺术报》,打开一看,我的《旋风扫落叶》刊登在很显著的位置,并附了一篇评论文章。我仔细读了这篇文章,对自己画画更有信心了。

2007年11月,金山区组织召开"中国农民画高峰论坛"。我与几位农民画作者去旁听,来自全国各地的专家学者达数十名之多。其中有一个美术专家在发言时,拿出一张《旋风扫落叶》的印刷品说:"金山农民画在全国有影响,像这幅《旋风扫落叶》构思巧妙,形象生动,色彩明快,很有张力!"会后,我问老吴,专家所说的"张力"是什么意思?老吴说"专家所说的'张力',就是从画面溢出来的一种巨大的能量,一种鲜活的生命力,给人无限想象。你画的几只赤膊鸡生命力很旺盛,有一股子劲,像旋风一样飞奔,再加上鲜艳的色彩,像有打击乐器在伴奏,这就使人产生强烈的审美感受。"

《旋风扫落叶》入选"全国第二届艺术节美术作品展",又获"上海市第三届国际旅游节暨全国农民画大赛"二等奖。

有一年我与老吴去绍兴旅游,发现一家门上糊着做鞋用的鞋箔,我有一种久违的喜悦,因为我九岁开始自己做鞋,到十三岁的时候,全家的鞋子都是我做的,糊鞋箔太熟悉了。老吴说,这很像西方的一幅抽象画。我听了就记在心里,回家后就动手创作《糊鞋箔》。先在铅画纸上涂了七种对比强烈的颜色:黑、白、红、绿、青、蓝、黄,随手剪成碎布样,剪来剪去,总不满意,就把稿子贴在门上,走出看,走进看,琢磨了半年多,最后想出用色块三角组合,使色块相互之间形成紧密结构。我特地在色块前加了一块格子布和一块蓝印花布,右下角画一条红漆长凳,凳上放一只浆碎布的木盆和一把剪刀,再用灰黑两种底色作衬托,画面色彩显得非常响亮。老吴说,你这幅画把抽象、具象、民间、现代巧妙地结合在一起了。这幅画在上海展出期间,得到上海美术家协会主席沈柔坚的充分肯定,获1986年度上海文学艺术三等奖,后来成为上海电视台国际栏目的报头,天天播出。据老吴说,《糊鞋箔》这幅画被比利时皇家艺术学院马尔克·文豪夫教授买去作为教材,向学生讲解色彩三角组合的原理。我听了很高兴,想自己的土办法竟成了洋教材,真是做梦也想不到!这幅作品又作为外文版《中国文艺》刊物的封面。

《喂牛》的题材也是来自我童年的记忆。我家种六十亩水田,养三头牛,农忙的时候,我父亲赶着三头牛到田头轮流车水,每头牛工作两三小时,任务完成后,我父亲将牛鼻绳绕在牛角上,这头牛就会慢悠悠地自己走回家,到牛棚吃草休息。这三头牛是我们的家庭成员,我们对它们怀有深厚的感情。我把三头牛画成不同的颜色,这是受织布配色的影响。我们农村里,妇女聚在一起谈论最多的话题,就是织格子布如何搭配颜色,后来我画农民画也派上用场了。这幅画被制作成邮票和羊毛壁挂,原稿被上海美术馆收藏。

还有一件事，让我久久不能忘怀。那是1996年5月的一天，我接到上海市文学艺术界联合会、上海民间文艺家协会的通知，要我到上海参加"中国民间工艺美术家授证命名大会"。那天上午，老吴陪我从金山出发，下午2点，我们匆匆赶到了上海文艺活动中心（文艺会堂）。会场里已经坐满了人，我们在最后一排找了两个空位子坐下。不一会，台上的主持人在麦克风里喊："请受证的同志坐到第一排来！"这时，会场里有二十来个同志站起来走向第一排，我因没有什么文化，心里一直比较自卑，在这种场合更不愿意抛头露面，就叫老吴上去代领。老吴说，"这是你的荣誉，我怎么可以代领"！我只得硬着头皮走到第一排去。

我看到坐在第一排的同志个个都有艺术家的风度，唯独我是个普通工人，与他们坐在一起，像个戆大，非常尴尬，真想拿了证书，早点离开。这时，民间艺术家协会的一个领导在台上介绍这次在北京评审的经过，说上海有一个同志获得"一级民间工艺美术家"的称号。大家都在相互注视，猜测，不知谁能获此荣誉。我心里想能拿到个三级证书就很开心了，所以心情很平静。开始颁发证书，先宣读三级工艺美术家的名单，里面没有我的名字；接着宣读二级工艺美术家的名单，又没有我的名字。我想一定搞错了，心里越想越紧张。已拿到二级、三级证书的同志都用奇怪的目光看着我，我低着头，眼皮都不敢抬起来，好像做了亏心事似的。这时台上宣布："张新英同志荣获一级工艺美术家称号。"全场响起热烈的掌声。我涨红了脸，上台去领证书。真好像天上掉下馅饼！既开心又不安。我想不通，评委为啥把这个最高荣誉给我？其他作者都有一手绝技，而我连初出茅庐都算不上，人家会感到不公平的！会议结束，我与老吴走出会场，一些好奇的观众要我在他们的小本子上签名，老吴帮我挡驾说，"我们要赶回金山，路很远，对不住大家了。"我们从人群中突围出来，急急忙忙转了两辆公共汽车，总算乘上了到金山的长途汽车，已经上气不接下气。我心里还想着为什么评我一级工艺美术师的问题。老吴说，"给你最高荣誉不好吗？"

我说,恐怕对别人来说不公平。老吴耐心地给我解释:"金山农民画是在江南优秀民间艺术的基础上发展起来的具有时代特征、民间特色的新型画种,已在国外有点影响,而你的《闹厨房》又是金山农民画中最具创意的一幅作品,含意深刻,形象诙谐,与单纯继承传统的工艺不同。北京评委都是一些权威专家,他们目光远,标准高,他们的意见有着方向性的意义。所以我认为这个荣誉你是当之无愧的。"经老吴这么一解释,我似乎明白一点,艺术不单是技艺,还要有好的构思和创意。这时,肚子饿得咕咕叫了,我从包里拿出面包,两人一面吃一面想起阿达来了。阿达去北京讲学前一个星期,曾来金山住在我们刚分配到的二居室的新屋里,与老吴打地铺,谈论金山农民画的美术电影剧本,直至天亮。他的突然去世,对金山农民画来说,是一个巨大损失。

1987年3月,国家邮电部要出一套四张金山农民画的邮票,并来信指定让我设计《今日农村》特种邮票发行的两张首日封的封面和两枚当日邮戳图案,内容为农业丰收和农民生活提高,并要求在两个月内将画稿寄国家邮电部。由邮电部先挑选一张首日封和一枚邮戳,余下的由上海邮票公司和金山邮电局联合发行。我接到任务后,很着急,对老吴说:"首日封啥样子,我见都没有见过。还限时限刻,捉头捉脚,怎么搞得出?"老吴说:"你不要急,我帮你想题材,画还要你来画。首日封、邮戳上的画还是农民画,只要与邮票上的金山农民画保持风格一致就可以了。"于是我与老吴讨论商量了几天,决定首日封一幅画《粮仓》,一幅画《村里家家装天线》(当时农村刚普及电视机),邮戳上的图案,一枚画一条鲤鱼,取名《年年有余》,一枚画一幢南方民居,取名《居者有其屋》。我先画草稿,让老吴提意见。老吴要求很高,我一次一次修改。日期越来越近,我就像热锅上的蚂蚁,急的饭都顾不上吃。当时我们的住房很小,将阳台封上玻璃窗,当作画室。有一天我到卫生间去换洗笔水,恰逢断水,我忘记关自来水龙头,就回到阳台上工作,而且我怕门外楼梯上上下下的人声影响我画画,又怕有人来串门,浪费我的时间,因此将外门与房门都关上。也不知过了多少时间,只听得楼梯口似乎有人在吵架，隐隐约约听得有人敲门声，但我全神贯注作画，没去理会。后来发现我脚下有水在流淌。水从门缝里不断流出来。我想不好，出事了！我连忙起身打开房门，此时房间里已经"水漫金山"。我冲到卫生间，只见水龙头哗哗流水，随手关了龙头，去开外门。谁知外门被什么东西吸住了，我花了很大力气才把门打开。原来门被一大堆烂泥糊上了。门一开，水就沿着楼梯往下流。不一会，底下的居民上来，批评我们出外时为什么不关好水龙头，水都流到他们家里了，只得用泥土把门堵上。我无话可说，只是一个劲说"对不起，对不起！"

老吴回家，一看这种场面惊呆了，家里的水不能往外排怎么办？就把床单拿下来吸水，再拧到水池里去。就这样我们两人忙了一夜，第二天老吴向单位请了假，我也停了一天画画，洗洗晒晒。

5月底，我按时完成了任务，将画稿寄给了国家邮电部，心中一块石头总算落了地。

国家邮电部选用首日封《粮仓》，邮戳《居者有其屋》，上海邮票总公司与金山邮电局选用《村里家家装天线》和《年年有余》。邮票发行那天，周边省市的集邮爱好者，都纷纷来到金山，请作者签名，我与另外两位邮票作者陈德华、邵其华忙了一天。

出了名以后，也给我带来许多苦闷与烦恼。我走到街上，总有几个大妈大嫂拉住我，这个说要让她的女儿跟我学画，增加点收入；那个说要让她的孙女拜我为师，找个出路。我很尴尬，每次都要解释半天，我说我没有文化，没有理论，也没有一套方法，我只是将自己的生活记忆画下来。画得很苦，一年也只能创作两三幅，老吴也不教我，只是说，"你画，画出来我看了才好指导。"我这么一说，她们很不高兴，有的说我"不肯帮忙"，有的说我"保守"，弄得我不敢上街，不敢去超市。

八、1980—2000年金山农民画主要获奖作品表

（1980年前无评奖活动）

年月	画展名称	作品名称	作 者	奖 项
1980.6	上海市1976—1979 创作演出评奖	村头鱼市	曹金英	创作奖
		冬	翁曙光	创作奖
1981.5	上海市首届 江南之春画展	撒网	钟德祥	一等奖
		满月	曹金英	一等奖
		裱画工场	陈铧	一等奖
		理发店	王金喜	一等奖
		美术课	蔡巧英	二等奖
		海上捕鱼	徐林生	二等奖
		捉鱼	朱素珍	二等奖
		重阳节	陈芙蓉	二等奖
		花灶头	张新英	二等奖
		正月十五做圆团	张新英	二等奖
		田螺与稻鸡	陈木云	二等奖
1983.3	上海市第二届 江南之春画展	过年	曹秀文	一等奖
		新灶头	张新英	一等奖
		小镇	邵其华	一等奖
		出工去	沈小妹	二等奖
		鸭群	钟德祥	二等奖
		耍龙舞	陶林平	二等奖

年月	画展名称	作品名称	作 者	奖 项
1983.10	全国农民画展	孵蛋	阮四娣	二等奖
		草囤里的猫	朱素珍	二等奖
		盖新房	陈芙蓉	二等奖
		撒网	钟德祥	二等奖
		竹林里的吹笛人	阮四娣	一等奖
		梨花下春鸭	顾忠强	二等奖
1985.3	上海第三届江南之春画展	篱笆内外捕鱼忙	李川英	二等奖
		鹅群	宋金其	二等奖
		骑在牛背上男女青年	陶林平	二等奖
1986.	上海文联文艺奖	糊鞋箔	张新英	三等奖
1987.2	上海市第四届江南之春画展	旋风扫落叶	张新英	一等奖
		打鱼翁	高峰利	一等奖
		庆贺	阮四娣	二等奖
		密箱养鱼法	李川英	二等奖
		新年喜事多	曹秀文	二等奖
		古镇烟雨	陶林平	二等奖
		车窗外的森林	陶林平	二等奖
		彩霞中的飞鸽	周小云	二等奖
1988.9	全国农民书画大赛	放牛娃	宋其金	二等奖
		帆船	邵其华	二等奖
1989.5	上海市第五届江南之春画展	渔家酒	张新英	二等奖
1989.5	全国首届风俗大奖赛	新灶头	张新英	二等奖
		新郎新娘	张凤英	二等奖
		新娘子织布	姚珍珠	三等奖

年月	画展名称	作品名称	作 者	奖 项
1989.5	全国首届 中国风俗画大奖赛	风筝	陶林平	佳作奖
		重阳节	李川英	佳作奖
		满月	曹金英	佳作奖
		社戏	姚珍珠	佳作奖
		鹊桥相会	陈德华	荣誉奖
1990.2	首届中国个体劳动者 "光彩杯"摄影书画展	春耕忙	沈小妹	二等奖
		机械化养鸡	宋金其	二等奖
		喜鹊报春	冯正兴	三等奖
1991.4	上海市第六届 江南之春画展	煮汤圆	张新英	一等奖
		白玉兰之乡	陶林平	二等奖
1991.10	上海市第三届 工人文艺博览展	窗花下的猫	张斌	一等奖
1991.	91上海市农民书画展	寻食	陶林平	一等奖
1992.9	上海市群众 美术大奖赛作品展	捉鱼	周小云	一等奖
1992.10	第二届中国民族文化 博览会民间美术大展	闹厨房	张新英	一等奖
		荷花池里的鸭子	阮四娣	二等奖
		染坊	王金喜	二等奖
		做春衣	张婉英	三等奖
		结婚	张凤英	三等奖
		大公鸡	邵其华	三等奖
1993.6	上海市第七届 江南之春画展	苹果丰收	王阿妮	一等奖
		彩霞映鸭池	陆永忠	二等奖
		缝纫社	张婉英	二等奖
1993.11	"香港之窗" 中国农民画大赛	风筝比赛	陈卫雄	一等奖
		春雨蒙蒙	杨德良	三等奖
		白玉兰之乡	陶林平	优秀奖

年月	画展名称	作品名称	作 者	奖 项
1993.11	"香港之窗"中国农民画大赛	寒冬腊月	丁剑风	优秀奖
		芦荡归鹅	宋金其	优秀奖
		初春	张新英	优秀奖
		竹林前的村庄	阮四娣	优秀奖
1995.5	首届中国农民画大都会年奖赛	小村冬运	陈富林	三等奖
		水乡庙会	钱引珍	三等奖
		解放军救灾	陈卫雄	三等奖
		古镇夜泊	盛璞	优秀奖
		放风筝	陶林平	鼓励奖
		都市之夜	徐桂宝	鼓励奖
		花伞	怀明富	鼓励奖
1995.6	上海市第八届江南之春画展	去外婆家	张新英	二等奖
		船头鱼桶	朱永金	二等奖
1995.9	中国农村巾帼书画展	绣花鞋	张婉英	三等奖
		门画	阮章云	优秀奖
		家庭副业	阮四娣	优秀奖
		爆米花	陈德华	优秀奖
		娶亲	李川英	优秀奖
		赛龙舟	徐桂宝	优秀奖
		雪天上学	曹宝娣	优秀奖
		赛龙舟	陈秀芳	优秀奖
		捞水草	高凤 陈修	优秀奖
		生孩子	龚彩娟	优秀奖
		洗头发	陈惠芳	优秀奖
		西瓜上市	陈富林 王美英	优秀奖
		金秋稻香喜事盛	陈卫雄	优秀奖

年月	画展名称	作品名称	作 者	奖 项
1996.2	中国农民画优秀作品展	养牛蛙	李金华	优秀奖
		小镇	赵龙观	优秀奖
		做圆子	张美玲	优秀奖
		丛林放鹿	阮章云	优秀奖
		山顶上的苹果树	徐小星	优秀奖
		打谷场	徐桂宝	优秀奖
		鹅群	宋金其	优秀奖
		放风筝路上	邵其华	优秀奖
		拉网	陆学英	优秀奖
		欢度除夕	龚勤芳	优秀奖
		鱼鹰	李川英	优秀奖
		沉静的夜	曹秀文	优秀奖
		回娘家	曹秀文	优秀奖
		上夜校	朱素珍	优秀奖
		船头鱼桶	朱永金	优秀奖
		鸳鸯戏莲	周小云	优秀奖
		去外婆家	张新英	优秀奖
		绣花鞋	张婉英	优秀奖
		春雨蒙蒙	杨德良	优秀奖
		金秋渔归	盛璞	优秀奖
		家庭副业	阮四娣	优秀奖
		喜蛋	怀明富	优秀奖
		庙会	朱景龙	优秀奖
		长龙过街	陆永忠	优秀奖
		雪地里的欢乐声	陆永忠	优秀奖

年月	画展名称	作品名称	作　者	奖　项
1996.2	中国农民画优秀作品展	风筝比赛	陈卫雄	优秀奖
		新年喜事多	陈卫雄	优秀奖
		飞船进村头	陈卫雄 龚彩娟	优秀奖
		七月农家插秧忙	龚彩娟	优秀奖
		雪地里的狗	陈娟红	优秀奖
		结婚	钱引珍	优秀奖
		新娘出嫁	钱引珍	优秀奖
		卖余粮	陈富林	优秀奖
		农村俱乐部	陈富林	优秀奖
		江南小村	陈惠芳	优秀奖
		跳绳	陈惠芳	优秀奖
		草原印象	高风	优秀奖
		闹元宵	高风	优秀奖
		仲夏夜	陈秀芳	优秀奖
		采西瓜	陈秀芳	优秀奖
		除夕	陈秀芳	优秀奖
		村办窑业	陈熹新	优秀奖
		打菜油	王美英	优秀奖
1996.10	"迎农运"全国农民书画大赛	菜篮子	朱永金	一等奖
		双龙闹春	陆永忠	二等奖
		艺术广场	王阿妮	三等奖
		秋日的私语	高风	三等奖
1997.6	上海市第九届江南之春画展	鹦鹉	怀明富	三等奖
		中秋礼品	盛璞	三等奖
		正月	陆永忠	三等奖

年月	画展名称	作品名称	作者	奖项
1999.1	第六届 中国人口文化奖	去外婆家	张新英	优秀奖
		回娘家	曹秀文	优秀奖
		长龙过街	陆永忠	优秀奖
1999.4	上海市第十届 江南之春画展	擀面	张新英	一等奖
		农家乐	陆永忠	一等奖
		鱼戏莲	陆学英	二等奖
		江南之春	陆永忠	三等奖
		花伞	怀明富	三等奖
		晒蓝印花布	张婉英	三等奖
		除夕夜	赵龙观	三等奖
		厨房飘香	朱永金	三等奖
		乡音	张婉英	三等奖
1999.7	九亿农民迎国庆 全国书画大赛	乡音	张婉英	二等奖
		鱼戏莲	陆学英	三等奖
		飞翔	周耀辉	三等奖
		姑苏行	邵其华	优秀奖
		茶馆一角	张新英	优秀奖
		中秋礼品	盛璞	优秀奖
1999.10	农民艺术大展——99 中国当代民间绘画 作品邀请展	鱼戏莲	陆学英	二等奖
		除夕夜	赵龙观	三等奖
2000.10	中国农民画联展	农家乐	陆永忠	一等奖
		旋风扫落叶	张新英	二等奖
		养鱼塘	张美玲	二等奖
		鹦鹉	怀明富	优秀奖
		江边渔村	盛璞	优秀奖
		游园	严军杰	优秀奖

图1：1990年代的张新英
图2：吴彤章的三个孩子
图3：日本宫城教育大学校长、横须贺·薰夫妇（前右三、四）来访

图1：吴彤章和张新英切磋技艺
图2：张新英《旋风扫落叶》
图3：张新英的出版物集锦

图1：张新英《厨房一角》
图2：集邮者请张新英、邵其华、陈德华签名
图3：张新英在研究构图

1 | 3
—— | ——
2 |

第八章　浪潮滚滚

一、户县和西安的展览

自从金山农民画在中国美术馆的展览轰动京城之后，全国各地都通过各种渠道，向我们发出展览的邀请。1980年4月，我们北京展览期间，陕西省西安美协和户县文化局联名致电中国美协，邀请金山农民画去户县和西安展出。当华君武向我们传达这个消息时，我们都很高兴，户县一直是全国农民画榜样，有机会到户县去交流学习，当然是我们求之不得的。

5月25日，我与阮章云坐上从北京去西安的列车，次日到达西安。陕西省美协的同志来接我们并安排住宿。第二天上午，户县文化馆的农民画辅导员丁济棠来接我们去户县。户县在西安的西南，距西安数十公里。我们的车一出西安城，眼前就展现一条十分宽敞的公路，这在当时是不多见的。我很好奇，问"这是一级公路吧？"丁老师向我们介绍了"文革"时期，中央拨专款建造户县农民画展览馆，建筑面积2 811平方米，占地面积达7 338平方米，同时还筑了这条从西安直达户县农民画馆的一级公路。我听了十分惊讶，想起我们金山的农民画作者蜷缩在低矮的养鸡棚里作画，那条必走过的羊肠小道，逢到下雨，泥泞不堪，一不小心，就跌得浑身泥浆。相比之下，真有天壤之别！

1980年5月29日—6月12日，由上海美协、陕西美协、户县文化局联合举办的"上海金山农民画展"，在户县农民画馆西展厅隆重开幕。展出作品135幅，引起广大观众的浓厚兴趣和强烈反响。

6月5日，在户县文化馆召开了金山农民画创作经验座谈会。出席者有陕西省美协副主席李梓盛、秘书长程士铭，户县文化局领导，户县农民画作者，新闻记者等一百余人。会议由户县文化馆馆长谢志安主持，我介绍了金山农民画探索、发展的经过，并提出农民画要扎根于泥土，富于地方特色，以及农民画应当作为现代民间艺术来加以研究。接着，好几个户县农民画作者作了精彩发言，其中周文德感慨尤深，他说道："看了金山农民画，感受甚多。我们户县农民画过去凡是从生活出发，对生活有深切感受的作品，至今生命犹存，而那些从政治概念出发，赶风向，没有生活感受而'憋'出来的作品，却令人感到生硬、虚假，时间一过，连作者本人都不愿看了。——我们一度热衷于搞"重大题材"，跟政治形势走，很难找到动人的情节和形象，因而很少有成功的，只是简单的政治图解，缺乏艺术感染力。金山农民画从自己身边的日常生活中获取'小题材'，以一滴水见太阳，深刻地揭示生活中的美，使人动情。金山农民画另一个特点，是具有浓厚的民间传统，色彩质朴，明快而浓烈。我们户县农民画也是产生于关中的民间艺术土壤之中，今后如何提高以适应新的时代要求，这是放在我们面前的课题。"

陕西省美协副主席李梓盛作了总结发言，他指出："在'文革'中推行的'三结合'创作模式即领导出思想，专家出技术，农民出生活，是违背创作规律的，是艺术工具论的典型事例，必然会对生活作简单的政治图解，因而不能打动人心，所谓的宣传作用也是苍白无力的。例如户县的作品中反映农业学大寨都是大场面，人海战，看了心情很沉重；而看金山农民画中的劳动，很愉快，生活得很幸福，外宾看了也很感动，这就是最好的宣传。户县的农民画作者讲得很好，要创作出具有关中地区民间艺术特色，具有时代特征的好作品。"

在户县的展览结束后，移往西安的省美协展览厅继续展出（6月15日—30日），其间陕西省美协召开"金山农民画艺术座谈会"，与会者有陕西省文化局、出版社、群众艺术馆、西安美术学院、国画院、部分地区文化馆共三十余人，美协秘书长程士铭主持。会上，专家们回顾了中国农民画的发展历史，指出户县的农民画从1960年代开始，尤其在"文革"中一扫早期浪漫夸张的风格，开始转向现实生活的描写，向学院写实风靠拢，农民画的创作依赖专业画家的帮助和修改，在西安美术学院师生中流传着"专家装药，农民放炮"的笑话。到了1970年代末，金山农民画脱颖而出，作品"回归乡土"，将民间艺术形式美感的因素，运用到表现日常生活的内容中去，以强烈的色彩、简朴的形象、浑厚的风格，使美术界惊叹不已。

还有专家指出，在"文革"中，上边推行"三结合"的创作模式，这是违背艺术创作规律的，吴彤章辅导农民画有"三不"，即不出题目，不改稿子，不上绘画基本技法课，而是着眼于发现农民画作者不同的绘画潜质和审美取向，加以肯定，推波助澜。这是一种很前卫的教学方法。"三结合"与"三不"是两种截然不同的观念和思想方法。金山农民画的出现，是中国农民画历史上一个转折点。

二、从广州到湛江

　　1981年4月10日，我去广东美协联系有关"金山农民画展"之事，随带上海美协副主席沈柔坚先生写给广东美协副主席兼秘书长黄笃维的信件，以及一本日本出版的《金山农民画》画册和四十余幅农民画新作。广州美协几个副主席看了我带去的农民画，都很赞赏，决定在年底或明年年初在广州举办金山农民画展。

　　当时上海美协的党组书记吕蒙正在广州养病，他中风后一条腿行动不便。我去看望他，并汇报金山农民画来广州展出之事。吕蒙非常赞成，说这样的交流，不仅能提高金山农民画的知名度，也能得到专家们的指导，不断提高自己。吕蒙的爱人黄准是著名作曲家，电影《红色娘子军》的音乐就是她创作的，她邀请我与他们一起去广州植物园参观。植物园中有不少树木长得非常奇特，吕蒙对我说："你看，这都是金山农民画！"我确实感到大自然太神奇了，人的想象很难超越大自然，回头再看金山农民画作者画出奇奇怪怪的花草树木，也就不足为怪了！

　　经过充分的准备，"上海金山农民画展"于1982年11月25日在广东省博物馆隆重开幕。羊城晚报发表了《美不胜收》的专题报道，广东电视台播放了"上海金山农民画展"的开幕实况，南方日报、广州日报也作了有关报道，发表了评论文章。展览期间，观众十分踊跃，反响强烈。一些热爱艺术的港澳观众，专程来到广州，参观金山农民画。

　　在广东美协组织的座谈会上，广东美术界盛赞金山农民画取得的突出成绩，认为这是民间艺术中崛起的"金山画派"，并就农民画如何解决生活和艺术的关系、继承和创新的关系、辅导方法问题、美术院校从金山农民画中受到什么启发等等,展开了热烈的讨论。

广东美协副主席黄笃维首先发言,他说:"金山农民画的出现绝不是偶然的。它是根植于丰富民间艺术的熏陶和影响下,并得到正确的辅导产生出来的。金山农民作画的方法并不是无动于衷地依样画葫芦,以求得对象表面的形似,而是通过熟悉的生活写出自己深刻的感受。所以金山农民画富有炽烈的感情,又有浪漫主义的色彩,不论她们怎样进行大胆夸张,描绘出来的形象,都是真实可信的。"

广州美院教授陈雨田说:"关于色彩,有些人认为民间的东西就是大红大绿,实际并不是这样。金山农民画有浓艳的,也有淡雅的,色彩丰富多样。马蒂斯是学东方绘画的,他画了很多瓶瓶罐罐,青花瓷也画了不少,都是吸收东方民间绘画的养料,如果马蒂斯还活着,看到这么绚丽多彩的金山农民画,是要吃惊而跪倒在地的!"

广州美术学院教授陈少丰说:"吴彤章同志谈到辅导农民画的方法,我觉得很好。农民是需要专业工作者辅导的,但怎样辅导?保留什么?提高什么?不能按专业工作者的要求去提高,而是沿着她们自己的道路去提高。"

广东画院理论组组长、画家王立说:"从金山农民画取得突出的成绩来看,就显示着社会主义制度的优越性。我们今天的农民不仅物质生活富裕了,而且有充足的精力从事艺术创作,形成了很有声势的'金山画派',这是很有说服力的。"

广东画院评论家周佐愚说:"金山农民画既有传统,又有很大的突破,它既有浓郁的生活气息和真挚朴素的感情,又有很高的形式美,所以群众说它美,专家也说它美,雅俗共赏,这一点是不容易做到的。"

广东美协副秘书长黄安仁说:"金山农民画确实有许多东西可学,其中最重要的是走自己的路,有鲜明的特色。还有金山农民画作者的严肃认真富于创造性的态度,值得我们学习。"

广州美院教授王益伦说:"金山农民画是难得看到的一个很有价值

的画展，我看了多次。它给人总的印象就是愉快，可爱，喜气洋洋，完全达到了装饰风的要求。我建议将展览时间延长，组织全省有关人员都来观摩。"

广东美协副主席著名画家廖冰兄说："看金山农民画展览，使我们思考很多问题，比如我们的艺术道路是向上、向洋、向雅呢？还是向下、向土、向俗？答案已经很清楚，像吴彤章那样去搞农民画，向下、向土、向俗，结果登上了世界的大雅之堂，在世界画坛上站得住脚；如果我们去跟着高更、凡·高跑，你就没法在国外达到这个效果。还有一个问题，金山农民画虽然都作了非常浪漫主义的变形，但也显得非常真实，不像西方现代绘画，越来越脱离生活原型，发展到了抽象，心中无人，目中无人，什么也没有了。金山农民画比生活真实更高更美，与人的情感贴得更紧，不是超人之外，而是深入人民之中的。"

廖先生还传达了两位观众的反映，一位是香港的同行，看了金山农民画惊讶地说"哎呀，我们爱得要发疯了！"另一位是美院教师李正天，要我转达两句话，一句是"看了金山农民画醉了！"第二句是"看了金山农民画，我们的油画感到没有色彩了！"

座谈会结束后，我与阮章云带着七十余幅作品，应邀去湛江展览。在车站迎接我们的是湛江艺术馆馆长玉泽夫和南海舰队木刻家薛翊汉。老薛是我的老战友，我们曾在海政文化部美术组一起共事。到了招待所，老战友二十年不见，自有说不尽的往事。老薛问："当年王朝闻对你的画评价很高，海政文化部送你去上海国画院深造，我们都很期待，不知你为何突然转业，销声匿迹。我向东海舰队的同志打听，他们也不知道，大家猜你落荒了！"我笑笑说，我在部队没有犯什么错误，为什么要落荒而逃？我到了地方，命运安排，当了一名农村"卖货郎"，自惭形秽，无脸见江东父老。后来有个机会去辅导金山农民画，出了个新招，找来一批农村妇女画画，形成一种新的绘画风格，受到国内外专家的肯定，媒体都来采访，我的身影就露出水面。有的战友这才与我取得了联系，说我"关掉了一扇门，又开启了一扇窗"。玉泽夫在一旁风趣地说,"这扇窗开得比门还大!"老薛说,"你转业时,大家都觉得可惜,现在看来,坏事变好事,避开了'文革'的风险,在农村韬光养晦,等来了改革开放的好时光,现在无须'等潮'(我在部队曾创作一幅国画,题为《等潮》),可以'直挂云帆济沧海'!"我不无解嘲地说,我只是个铺路者,或者开拓者,至于直挂云帆济沧海,那是别人的事了。老薛又说起我第一天到海政美术组报到时,手里拿着一把油纸伞,大家觉得好笑,以为你是杭州人,谁知你是上海人!我说,上海离杭州不远,下起雨来同属一个雨区。就这样我们回忆起许多有趣的往事,一直谈到深夜。

三、美术院校的强烈反响

1983 年 3 月，金山农民画应邀赴杭州浙江美术学院展览。并应学院要求，我带领二十余名农民画作者一起去浙江美院，与美院师生交流创作体会，在师生中引起极大的轰动。

展览期间，美院在礼堂组织报告会，全院二百多名师生参加。会上我介绍了金山农民画的创始和发展历程。针对美院学生不太理解农民画的状况，我着重谈到金山农民画艺术特点，举了杯子为例。我说农民画中的杯子口是圆的，杯子底画成一条直线，有人说杯子口应该画成椭圆形的，农民画错了。我说农民画没有错，现实中杯子口就是圆的！（热烈鼓掌）杯子底原本是平的，否则就放不平，农民画也没有错！（热烈鼓掌）专业画家用的是焦点透视，画的是一直变动着的形体；而农民画家画的是不变的形体，是基于对杯子的本质认识，而不是根据视觉上的变化。（热烈鼓掌）关于农民画的色彩，与现实生活完全不一样，很多人不理解。一位法国人问我，土地怎么会有红的、蓝的？我对他说，我到法国去，没有看到一个人踮起脚，用脚尖走路，但在你们的芭蕾舞中都用脚尖走路。艺术不等于生活。（全场热烈鼓掌）

我在数十分钟的介绍中，全场就有许多次的热烈鼓掌，这并非我的口才好，而是因为我给他们一个新的角度、新的视点，得到了他们的认同。正如美院党委书记萧峰所说："金山农民画的展出，是对我们学院派的一次不寻常的冲击！"

我们的农民画作者从未到过高等学府，感到新鲜、好奇、神秘，参观了师生的画室，普遍的感觉一是"画得像，像真的一样"，二是没有色彩。他们也作过交流,如一个同学问张新英,"你的色彩,为什么这样大胆"?她回答,"颜色不会吃人,有什么好怕的!"沈小梅的鸡是变形的,有同学问她,"你的鸡,为什么画成这样?"她不知如何回答,说:"这是吴老师批准的!"

1984年9月,金山农民画在天津美术学院展出。这是天津美院的一个理论老师杨葛琪(女),她对金山农民画情有独钟,特地到金山采访,说要编写有关农民画的教材,希望我们去美院展览。她的建议得到了美院领导的首肯,并向我们发出了邀请。这次是我与张新英两人去的。

与浙江美院一样,天津美院对展览十分重视,师生反应十分强烈。在全院师生大会上我作了有关金山农民画的介绍,黄麦杆教授作了充满激情的发言,他说:"金山农民画的展出,对学院派来说,不啻是放了颗原子弹!"

有一个教授在看展览时问张新英:"你的《糊鞋箔》中的色块,为什么形成三角对称的关系?"新英没有学过色彩学,不懂理论,但她自有她的道理,她回答说:"我这张画是方形构图,若各种色块都用四块排列,就会显得呆板和重复。而用色块的三角排列,使色块之间互相拉牢。"

四、金山农民画进上海中国画院

    1982年2月14日，上海的《新民晚报》刊登了这么一条消息："2月5日，美协上海分会组织部分画家、本市各报美术编辑等，由美协秘书长蔡振华带领，一行三十余人，迎飞雪，赴金山，观摩农民画新作。——看到这些充满生活气息、新颖独特的民间艺术创作，专业美术工作者们无不由衷赞叹——他们热诚地向创作这些农民画的大娘大婶们请教，听她们谈创作；到农民画创作室，从小稿到正稿认真观摩，并拍摄照片。去观摩的人员，对金山农民画还进行了认真热烈的讨论。"这篇报道指的是上海美术出版社组织画家朱石基、翁逸之、哈琼文、江南春、谈尚仁、金纪发等八人专程到金山来参观农民画。哈琼文说："对比之下，我们实在太'忘我'了！金山农民画家们能利用一切手法和想象，表现自己对生活的情感，以'我'为中心，颇受启发。"朱石基、江南春风趣地告诉我们："我们几个人都不会喝酒，今天看了农民画很高兴，中午在饭店竟然兴奋地喝起酒来了。"

    在这样的背景下，1982年5月22日至28日，应上海中国画院的邀请，金山农民画展在画院的展览厅举行，展出作品五十幅。28日下午，画院邀请金山农民画家出席观摩座谈会，我带了十五位农民画作者，以及户县来的丁济棠、王佩元、马西莉三人，参加了座谈会。上海中国画院参加的老画家有唐云、沈迈士、任蘉甫、张雪父、应野平、王个簃，中青年画家有林曦明、杨正新，学员吴玉梅、汪大文、毛国伦、陆一飞、唐逸览、邱道峰，美术评论家吴景泽，新华社、上海电视台等记者，上海美术电影制片厂导演阿达。座谈会由院长程十发主持，王个簃吟诵了即兴创作的称赞金山农民画的诗歌，国画家们称赞金山农民画具有生活气息浓厚、色彩强烈、形象生动的特点,而且每个作者画风各异,汲取民间传统艺术的元素,不显生硬,贴切、自然、有趣味。林曦明说:"金山农民画从民间剪纸演变而来,创造了一种新的绘画形式,国画可向其他画种学习,向农民画学习。"杨正新说:"我认为中国画可以与农民画嫁接。"会上,农民画作者阮四娣、李川英、沈小妹也作了发言。

最后,程十发总结说:"中国画讲法度,描有描法,皴有皴法,所以比较程式化,而农民画不讲法度,金山农民画家表现他们的生活很有办法,真实、生动、色彩斑斓,风格多样,具有鲜明的时代特征,为专业画家所佩服。专业画家要突破国画的程式化,应该向金山农民画家学习,首先要走出画院,到生活中去,到民间去,向民间艺术学习,发现美,创造美!"

次日,上海电视台在新闻节目中播放了上海中国画院召开座谈会的消息。接着文汇报、解放日报分别作了报道。6月6日《文汇报》头版刊登徐启华的评论文章《取农民画之长,补国画之短》。

五、阿达导演《画的歌》前后

　　阿达，原名徐景达，上海美术电影制片厂的著名导演，当年他执导的动画片《三个和尚》荣获国家文化部优秀影片奖和丹麦国际童话电影节银奖，誉满全国，家喻户晓，今天看来，依旧魅力四射，不失为经典之作。阿达也是杰出的漫画家，他的漫画《枪打出头鸟》，在德国获奖，但当时不能出国去领奖，只得放弃了一笔可观的奖金。阿达以他艺术家的敏感，发现了金山农民画的价值，他认为这是令人瞩目的一朵奇葩，每一幅画都凝聚着对生活的爱，像一支清新悦耳的民歌，把人们带到一个新的天地。决定要将金山农民画拍成一部艺术纪录片，让更多的人了解他们。他的想法，得到美影厂领导的支持。

　　我与阿达同是上海美协会员，我在国画组，他在漫画组，开会时常能碰头，所以我们早就认识。他每到金山来，就住在我家里。我们一起讨论研究拍摄方案和剧本结构，我向他介绍了一些艺术个性鲜明的农民画作者，并陪着他去农村拍摄生活场景。按照我们的构思，将二百多幅农民画分门别类，然后采取拍动画片逐格拍摄的方法，充分显示原作的艺术效果，再用蒙太奇的手法，把镜头从画面转到民间艺术，然后再回到农民画，即"生活—民间艺术传统—农民画"，强调了源与流的关系。这部片子没有旁白解说，让电影语言和事实本身说话，配以优美、轻快的江南民歌小调，明快亲切，使金山农民画充满着诗情画意。这部艺术纪录片在开头与结尾的设计上，也别具匠心。《画的歌》三字在银幕上出现时，采用沾着晨露的嫩绿麦苗衬底，象征着金山农民画充满着勃勃生机。片尾采用一组金山农民画，恰如百花齐放，意味深长。影片的题名是受了张汀《三看金山农民画》一文中一句话的启发。张汀说"金山农民画都是一支支光彩闪烁的民歌",故影片定名为《画的歌》。1981年6月,拍成的《画的歌》在全国放映,对金山农民画的发展起着很大的推动作用。

阿达在拍摄《画的歌》期间,看到张新英画的猫,非常感兴趣,想把它们发展成一部动画片,并与我讨论过多次。要不是他心肌梗塞,倒下在讲台上,恐怕继《三个和尚》之后,会有一部《五只猫》之类的动画片诞生了!

1981年12月24日,我被上海市文化局推选为"全国农村文化艺术先进工作者",去北京参加文化部的授奖大会。金山县文化局副局长俞皓提议选两张农民画向大会献礼,上海群艺馆馆长纪广山建议我把阿达拍的《画的歌》带去,向中央领导同志和全国的代表们作一次最生动形象的汇报,同时再带两本日本出版的金山农民画画册。我觉得这些建议都很好,建议也得到文化局局长李太成的赞同。我立即与上海美术制片厂联系,厂里的同志说,片子让阿达带到北京中央美术学院讲课去了。原来阿达这次讲课内容,主要讲金山农民画的艺术特点以及他导演的《三个和尚》。为此我立即写信给阿达,让他把《画的歌》留在中央美院。两幅农民画我选了曹金英的《鱼塘》和张新英的《花灶头》。这两幅画既反映了江南农村的富裕生活,也突出了江南的蓝印花布和灶壁画的民间艺术传统。

到了北京,上海代表团团长冯志仁向大会秘书处作了联系。秘书处作了热情的安排,在大会召开之前,放映了《画的歌》,全体代表热烈鼓掌,交口称好。接着我与陆曦上台献画,作品就放在讲台前面。会议一结束,大家都涌到台前仔细观赏金山农民画的原作。后来阿达告诉我,《画的歌》已制成拷贝片,发行到中国驻外使馆,很受欢迎。

1982年2月,中央新闻电影制片厂来金山拍摄金山农民画纪录片,题为《吴彤章与金山农民画》。这部片子以农民画的组织和创作活动为主,于1982年在《祖国新貌》栏目中播出。

1983年7月,因全国各地的文化馆和农民画室,纷纷来信索取金山农民画的形象资料,我们以金山农民画室的名义,请阿达帮忙,制作了金山农民画幻灯片（100幅），共25套，分售给全国有需要的群艺馆、文化馆等单位。

1984年9月，北京的新闻电影制片厂来金山拍摄艺术纪录片，题名《金山农民画》，有解说词贯穿，长约20分钟。

1987年5月，上海电视台拍摄了纪录片《后土》，记录金山农民女画家《今日农村》邮票的作者张新英、邵其华、陈德华的生活和创作活动。

1987年10月，上海电视台在《艺林——艺坛百人录》的纪录片中，拍摄了《说说阮婆婆》《张新英出山》。

此外，金山农民画的画册也陆续出版。最早的是上海人民美术出版社与日本美乃美出版社联合出版的《中国农民的绘》，收集金山农民画52幅作品。1991年由今日中国出版社出版了《金山农民画》，收集101幅作品。1998年由上海画报出版社出版了《金山农民画开拓者》，收集张新英农民画44幅，吴彤章国画37幅。2006年由上海书画出版社出版了《泥土的芬芳——中国金山农民画三十周年回顾》收集三十年来各个时期的代表作200幅。

六、农民画的理论研究

金山农民画1980年进京展览,引起全国轰动,此后各地农民画如雨后春笋,蓬勃发展,形成了全国农民画的第三次浪潮。而在理论方面,对农民画,尤其对金山农民画的研究不断深入,有分量的理论文章也不断涌现。最早的如北京的华君武、张汀,陕西的李梓盛,广东的黄笃维,对金山农民画的艺术特色、历史地位作出较高的评价。1983年后,出现了对金山农民画乃至全国农民画,更深入的系统性的研究。

1983年5月,中国艺术研究院院长、美学家王朝闻在《文艺研究》上发表了题为《总要选最"趣"的画》长篇论文。这是他在贵阳召开的《全国民间艺术研讨会》上的发言,虽然他从美学角度涉及陶罐、年画、剪纸等民间艺术,但有将近一半的篇幅谈及金山农民画,文章的题目就是出自金山农民画作者阮四娣的一句话,"趣"是漂亮的意思。他在文中首先对我提出的"三不"的辅导方法予以充分的肯定,他说,"在他的辅导下民间特色被保持了,民间趣味得到了创造性的发挥"。同时,他对农民画家的"画语录",很感兴趣,如阮四娣的"我的画笔是随心走的""画画为了好看,总要选最'趣'的画"。张新英的画画时"非常开心""开天窗"等等,他认为"反映了民间美术家质朴的美学观","作为画论,这些论点道出了灵感在构思中的作用","作为美的发现者和创造者,她们才有可能获得情绪饱满的创造性喜悦,才是名副其实的艺术家,才可能用美来适应和满足人民的审美需要,她们的作品才是可能创造懂得审美主体的美术品"。他在文章中,谈到的农民画家有阮四娣、张新英、陈木云、陈德华、曹金英,对她们的代表作作出了理论的分析。

1984年4月，浙江美术学院的《新美术》刊物上发表了金冶的论文《评金山农民画》。金冶是浙江美院教授，他不仅认真仔细地参观了在浙江美院展出的金山农民画，而且还专程到金山文化馆实地采访、考察。文章分"高明的民间艺术""金山农民画家的创作特点""深厚的生活基础""对几件作品的分析""结束语"等部分，指出："金山农民画与现代绘画之间，虽然在本质上并不相同，但至少在把绘画作为二次元的平面看待，以平面手法达到绘画表现的目的，是互相一致的。正因为这样，就使得土生土长的金山农民画，具有现代绘画的特征。"他还指出："我国传统的民间绘画，从前只有版画和画工们在庙宇、佛窟中所画的壁画。而以独幅画的形式，直接反映民间的画是很少的。因此我们似乎可以说，金山农民画也是我国真正民间绘画艺术的一个新开端。"

1989年7月，《艺术研究》上发表了中国艺术研究院研究员郎绍君的理论文章《论中国农民画》。它的背景是以金山农民画为代表的全国农民画高潮已经掀起，其规模和影响，远远超过前两次（第一次以邳县为代表，第二次以户县为代表），有四十三个地区被文化部命名为"农民画乡"，覆盖面如此之广的农民画创作，已成为不容忽视的艺术文化现象。本文作者从农民画的性质、存在方式、价值、艺术特色、历史经验、发展前景作出了思考和回答。例如，他在《存在条件与存在方式》一节中论及农民画存在的价值："它在某种程度上作为农民实现自我的方式，在有限的自由中表现着对自由本质的向往与追求，为一个农民国家寻找实现社会艺术化的理想提供了一种可能性。农民画的根本价值，正在这一点上。"在《文化性质》一节中，把农民画定位"是主流文化与民间文化相互作用（通过辅导中介）的产物，是一种亚民间文化，因此它既区别于城市美术家们创造的美术，也区别于一般说的民间文化——原生性民间艺术。"因此"唯有在主流文化与民间文化两极之间寻求与确定自己的范畴与价值，才会获得久远的意义和生命力。"在《接受对象》一节中，对农民画的评价提出了自己的看法："一般来说，农民画乃至民间艺术都达不到精英艺术的层次，包括对精神性的追求,对艺术语言的创造,以至对民族传统和外来艺术的自觉借鉴各方面,两者都不能相比。"所以"对民间艺术和农民画漫无边际的抬高和任意贬低虽不同,的却是殊途同归,都是无益的。"在《自我超越的可能性》一节中,对农民画的情景作了这样描述:"农民画家提高文化素养同时又保持天真质朴本色,也有可能发展出类似稚拙艺术的中国民间画派。"而"当中国广大农民的物质与精神天地都被高度发达的工业文明占领的时候,目前这样的农民画大约就不会存在了,但应当也可能有中国卢梭式、稚拙艺术式的画派存在,那也许是农民画在艺术意义上的升华、转化和超越。"

1995年3月,日本三重大学学报发表了该校教育实践研究指导中心教授滨本昌宏的《关于中国金山县农民画及儿童画的考察》一文。他将中国金山农民画定性为"新型农民风格的美术表现及其文化运动"。他列举了陈芙蓉、阮四娣、张新英、朱素珍的作品进行了分析,指出:"金山农民画的造型特征,首先它就是农民生活感情本身,也可以说它是作为画而被创作,它的鲜嫩的色彩与形式散发出蓬勃朝气。任何作品都体现了作者的独特风格和个性,创造性地开拓着感情上富饶的美的世界。"他对以农民画院为中心的组织形式,对辅导员(他称之为领导人)与农民画作者之间那种相互信任的融洽的关系,也大加赞赏。他总结金山农民画的成长及其独特性,在内容上作为其支柱的,可举下列数项:1. 吸收发展传统文化;2. 主观世界与客观世界的美的融合;3. 在表现上灵活应用仰视、平视、反视等多方面的视点、视角;4. 完全不依赖透视远近法的立体表现手法;5. 以农民的生活感情为中心的价值观念;6. 非常优秀领导人的谋划及农民的信赖与合作关系;7. 与优秀领导人的共处关系。

最后两条都是讲辅导问题,他对我的辅导的观念和方法,予以充分的肯定。指出"他采取了使农民自己创造性的表现形式,使其开花结果的立场。"并认为"这是他向农民内在的能量与智慧学习,再应用于领导,从而取得农民信任的一种教育观点"。

2010年5月由中国文联、中国美协主办了全国农民画展"农民画时代",浙江万里学院的陈琦、中国美术学院的陈永怡合写了一篇总结性的文章《来自泥土的芬芳——新中国农民画运动及演变轨迹》,提到1980年金山农民画在北京展出,"其独特的艺术风格和创作辅导经验备受文化部、美术界专家和全国农民画乡的推崇。——在全国掀起了农民画创作的新一轮高潮。在由解放后带有政治宣传目的的农民画向'新农民画'演变的进程中,金山农民画的创新和变革是一个重要的转折点。它率先超越了新中国农民画的'墙头艺术'和'专家装药,农民点炮'的朦胧时期,向乡土回归,向民间自身的艺术创造力回归,对各地农民画的发展走向产生了深远的影响。"文章还就农民画新的机遇和挑战,提出了自己的看法。

与此同时,中国美术学院院长许江发表了《活在人间——致"农民画时代"画展》一文,对农民画的发展提出了自己的看法:"在今天,随着我国城市化的迅疾发展,随着新一代农民的教育普及与素质提高,农民这种非职业化的自由作者,要坚守原发的视域是否可能?其中最重要的关键在于如何在农业与农村变迁的同时,保持新民间的纯度与活力,维持田野生存与民间浪漫的激情,让曾经的那种区别于城市文明规范的特性持续地活在民间;关键在于如何在未来的新的生活田野中,重新开发质朴生活的生机与活力,形成生生不息的、特立独行的创造力量。"

七、金山农民画院的成立与其他

　　1989年1月金山农民画社正式成立。这是全国第一个农民自己的画院,对全国各地的农民画的发展,起到鼓励、推动的作用。农民画创作组原属于各地文化馆的一个组成部分。但随着农民画的发展,农民画作者队伍的壮大,原来的组织形式就不能适应需要了。以金山农民画为例,首先,从1974年举办农民画学习班开始到1988年,共创作农民画1 000余幅,涌现出来的农民画作者共约三百余人(登记在册的有一百余人),活动场地扩大了许多倍,这是原来的文化馆容纳不了的;第二,随着金山农民画声名鹊起,国内外前来参观、学习的团体和个人、画家和学者、新闻媒体和画廊商贾陆续不断,金山农民画成了金山县的一张名片,需要有一个相应的机构来接待;第三,国外的画廊和美术爱好者购买金山农民画的需求日益增加,其收入如何分配,产生了矛盾。站在文化馆的立场,认为这是文化馆的收入,可以统一使用,如排演文艺节目、开展故事会活动等等。但站在农民画的立场,觉得这笔收入除了付给作者稿费外,应该用于农民画的活动与发展,以画养画。还有人自己不会画画,看到农民画能赚钱,要拉一批农民画作者出来,成立"农民画社",另立山头! 这种分裂农民画的活动,对农民画的发展肯定是不利的。这事闹到县长那里,经过县委研究,决定农民画脱离文化馆。金山县政府下达(89)第1号文《关于金山农民画社单独建制的批复》:"由原隶属县文化馆的金山农民画社,自1989年1月1日起,隶属县文化局,单位性质不变,事业单位,经济独立,自负盈亏。任命吴彤章为社长、吴人杰为副社长,四名工作人员。"

　　早在1987年,由于接待中外来宾的需要,我向县委提出,原文化馆既破旧又窄小，不能适应农民画发展，希望新建一所金山农民画社。经县委研究决定，同意新建，由县政府拨出土地，建筑经费由县政府与农民画社共同负担。竣工结算实际支出共十二万六千三百余元，县政府拨款七万二千八百二十元，其余五万三千余元由画院自筹。

全国美协副主席华君武和上海美协副主席沈柔坚得知建立金山农民画社的消息，极为赞赏，他们希望金山农民画社的房子造得与金山农民画的风格浑然一体，别具一格。我与阿达商量，建造成黑瓦白墙的江南民居式样。阿达有个好友老郑，是同济大学建筑系毕业的高材生，就请他免费设计。设计图送上去，县里领导认为与周边环境不协调，让县里的建筑部门重新设计，结果搞成一个不中不西的像半导体收音机模样的房子。当华君武第二次来金山，参观了新建的农民画创作室，他批评我说："你的审美水平不应该把房子造得这样不土不洋！"我说，这里是县长说了算，解放日报社一个资深记者帮我说话也没有用！

独立后的金山农民画社成立大会就是在新的屋子里召开的。我请唐云老师题写了"金山农民画社"社牌。后来国内外来参观联系的单位和个人，都以"金山农民画院"称呼我们，在国外有关介绍金山农民画的报纸杂志，也都称我们为"金山农民画院"，我国的旅行社印制的宣传品，也称我们为"金山农民画院"，由此，从上海到金山的指路牌上，也用"金山农民画院"的名称。为避免混乱，同时更切合我们开展业务的范围，于1992年5月我作为政协提案，建议将金山农民画社更名为金山农民画院。1992年8月，经县委批准，金山农民画社更名为金山农民画院（金编1992第35号文）。

1989年，在金山农民画社成立不久，上海大学与我们联合创办上海大学美术学院现代民间美术研究室，于金山农民画社举行了成立仪式。出席仪式的有上海大学校长林燗如、上大美术学院院长李天祥，上海美协副主席徐酩昌，金山县委书记徐其华、县长蔡正德，以及上大美院副院长、教授、上海各报刊记者、各郊县文化馆负责人等八十余人。仪式由我主持，李天祥、徐酩昌、徐其华作了发言，林校长与蔡县长为研究室揭牌。下午，李天祥院长向十三位同志颁发了聘书。主任委员李天祥，副主任委员张自申、韩和平、吴彤章，研究室主任吴彤章，副主任吴人杰，学术委员李天祥、张自申、任意、韩和平、吴彤章、陈麦、王劼音、吴人杰、周根宝、黄阿忠，助理研究员朱希、阮章云、陈铧。首批吸收研究室会员四十六人。

金山农民画院，也是当年金山县创汇大户。我们在国外卖掉了画，由中国银行兑换成人民币给我们，但保留我们用汇的额度。金山县领导干部出国访问，要兑换外币，就用我们的额度。卖画所得的分配，从文化馆到农民画院都是三七开，农民画作者得百分之三十。

八、给农民画作者"充电"

农民画作者也有一个不断学习，不断提高的问题。金山农民画社成立后，我们经常组织作者去上海参观画展，也请专家来金山讲课。如1984年，我邀请中央工艺美术学院特种艺术系岳景融、刘少国两位老师来金山讲历代的民间艺术。他们还放了幻灯片，从新石器时代的彩陶，汉代的画像石、画像砖，敦煌壁画，唐代墓室壁画，马王堆楚墓出土的帛画、漆绘，明清两代的年画、徽州砖雕等等。这些都是中华民族数千年留下来的文化瑰宝，让这些农民画作者大开眼界。此外，两位老师还放映了特艺系师生新设计的壁挂和壁画。这些使用新的材料制作的富有时代气息作品，也让农民画作者大有启发。例如，过去农民画作者用色都是原色，不调配。后来陈德华、张新英等作者的作品，都用多种颜料调合而成，显得典雅厚重。姚珍珠的《新娘织布》、张凤英的《同窗三载》，构图就有汉代画像石、画像砖的味道。

我们组织农民画作者去上海参观美国、智利、葡萄牙、埃及、伊朗、印地安人和毕加索画展。在参观伊朗画展时，有一幅仅用几条不同色线织成的抽象画，引起了妇女作者的极大兴趣。她们站在画前热烈地讨论起来。这时来了几个上海青年，感到好奇，站在背后，听这些乡下人在说什么"冷色""暖色"，不知所云，看见我站在一旁，就问我她们在说什么。我说"她们是织布能手，在研究色彩的搭配"。这些青年听了不感兴趣，也就走开了。

参观完伊朗画展，沈小妹等几位大嫂大妈要去上海第一百货公司买颜料，我与她们约好下午3时前集合，在人民广场上车。她们在百货公司找到

了买文具的柜台,引出了沈小妹与营业员一段有趣的对话:

"同志,我们要买颜料。"

"大妈,有条子吗?"

"买颜料也要凭票?"

"大妈,不是凭票,人家托你买颜料总有张纸条啊。"

"没有人托我,我是自己买。"

"大妈你是替小孙子买颜料吧?"

"我是自己用的。"

"那要买什么颜色?"

"水粉颜料,两瓶红,两瓶绿,一瓶群青,一瓶柠檬黄,还有黑白各两瓶。"

营业员把沈小妹要的颜料一瓶瓶放在柜台上。

"同志,你拿错了,我要的是群青,你给我的是钴蓝!"

"对不起,我没有看瓶上的字。大妈,你识字?"

"我不识字,但颜色我看得懂。"

营业员觉得这些农村大妈很不简单,不敢怠慢,认认真真地将沈小妹和其他几位大妈的颜料一瓶瓶配齐,满满放了一柜台,弄得手忙脚乱。商店里一群好奇心的顾客围过来看热闹,有人问"你们买这么多颜料做啥用?"其中有人说:"你们是从金山来的吗? 我在电视上见到你们的农民画画得很漂亮,报上也经常介绍,很有名的!"这时围观的顾客兴趣更高了,问这问那,真是打破砂锅问到底。大妈们都是爽性子,有问必答,就像打开的水闸门,滔滔不绝。这时沈小妹问营业员几点钟了。营业员说快3点了。沈小妹向大家挥手说,"对不起,我们要回金山,吴老师在车上等我们了。"这群农村妇女像一阵风似的消失在南京路喧闹的人海中。到了车上,她们把刚才买颜料的情景,讲得绘声绘色,一路上欢声笑语,不知不觉就到了朱泾。

除参观学习以外,我们也利用参加各种展览的机会,让农民画作者出去开开眼界。如1978年10月,金山农民画入选"全国农民画展"九幅作品,我带了参展的八名作者去北京。这些农民作者都是第一次到北京,放下行李,首先想到的就是去天安门广场,瞻仰雄伟庄严的天安门城楼。在展览间隙,我带他们参观故宫,游览颐和园和八达岭长城。

在这批作者中,沈德贤年龄最大,但也是最没有时间观念,而我们去八达岭买的是来回车票,我怕他迟到脱班,特地让小青年徐小星盯着他。可是,当大家要返回火车站时,徐小星气喘喘地跑来说,沈德贤不见了!我立即让大家分头去找。我急得满头大汗,走上长城,只见他一个人坐在城墙上,悠闲地抽着烟,观赏风景。我赶紧拉着他往回跑,总算赶上了火车。过了几天,我们结束北京的行程要回上海了,大家已经上了火车,沈德贤突然从口袋里摸到二两北京粮票,说要下车去用掉它,到了上海就没有用了。此时离开车只有两分钟,被我阻止了。我说你为了二两粮票,误了火车,一个人留在北京怎么办?我理解,当年的粮票是农民出门的"路条",我答应回去后给他换成上海粮票。他的心里总算有了着落,坐回到自己的座位上。

九、金山农民画的衍生品

　　金山农民画还衍生出三种艺术商品,分别为壁挂、磨漆画、黑陶。

　　壁挂,是一种用羊毛或丝线织成的,挂在壁上的毯子。1983年6月间,有一个美国妇女到金山来购买农民画,她指定要一幅张新英的《迎新客》。我奇怪她为什么指名道姓非要这一幅。她说在基辛格家的客厅中看到这幅画,特别喜欢。交谈中得知她是一位联合国官员的夫人,与基辛格夫人是好朋友,这幅画就是基辛格夫人专程到上海购买去六幅金山农民画中的一幅。她别出心裁,打算把这幅画织成丝毯,挂在客厅里,一定十分鲜明夺目。而且她已经与上海一家丝织厂联系好了。后来这家丝织厂多织了几条,拿到工艺展销会上去展览,引起了国内外消费者的注意,当时《文汇报》报道了金山农民画已被织成丝毯,在上海工艺品展销会上展出的消息。这件事启发我们,如果将农民画织成壁挂,可能有不小的市场,也能扩大金山农民画的影响。但由于我们忙于农民画的创作和展出,忙于国内外来访者的接待,没有精力去联系壁挂的生产。恰巧上海浦东红艺织造厂也想用金山农民画织成羊毛挂毯。双方一拍即合,由金山农民画院提供画稿,红艺织造厂负责生产,厂方一幅画织成三四条壁挂,其中一条归画院。我们放在农民画展览室展览出售,出售后给画的作者百分之十作为稿费。1984年11月,双方联合召开金山农民画艺术壁挂评议会,到会专家有沈柔坚、蔡振华、徐昌酩、任意等,还有上海电视台、中央新闻电影制片厂、解放日报、文汇报、外贸壁挂公司、工艺品进出口公司等单位。上海人民广播电台广播说,"金山农民画经过有关画家和设计人员的共同努力,新近上海红艺织造厂生产出新颖的色彩丰富的壁挂，博得行家们的高度赞赏"。文汇报记者卢新华的通讯报道中说，"金山农民画织进艺术壁毯，使金山农民画变得更加厚实、丰富、具有立体感。"这织造厂家除了生产羊毛壁挂，还生产过丝织壁挂，一共采用了金山农民画二十幅。

磨漆画，又称漆画，是我国一个古老的画种，以生漆为主要原料，在髹漆的木板上镶嵌上螺钿、玉石、金银等材料，作成画面，再经过反复打磨、抛光而成，与金山农民画本来没有关系。1984年6月，我与陈铧去中央工艺美术学院联系工作，碰到中央工艺美术学院的乔十光教授，他对我说，金山农民画非常好，我们感到可望而不可即。它的色彩绚丽，装饰性强，太适合搞磨漆画了。他希望金山能送一个青年作者到北京来，跟他学磨漆画。我觉得这是好事，但忙于全国巡展和接待工作，没有落实。同年，我邀请中央工艺美术学院岳景融教授到金山为农民画作者讲课，主要内容是介绍中国历代砖雕、瓷画、壁画，交流中提及金山农民画与漆画结合的可能性，并与乔十光教授取得了联系，我们与有关方面商量后，就让农民画青年作者陈铧去中央工艺美院进修。经乔老师的悉心教导，陈铧学会了磨漆画的基本技法，从工具、材料、设施到镶嵌、莳绘、罩堆、薄料、擦色，创作了《撒网》《晚归》两幅漆画作品。乔教授的评价很高，说陈铧在半年多时间中，学到的比大学四年还要多。小陈学成回金山后，画社决定增设漆画工作间，添置材料、设备，经费由画社批拨。从1986年开始，由陈铧带教了周明华等几个业余作者，开始了磨漆画创作。1986年4月，乔十光倡议举办"中国漆画展"。为争取参加这次漆画展，我们日以继夜，在短短四个月里，完成了八幅漆画作品，加上陈铧以前的两幅，共十幅作品入选"中国漆画展"。农民画家如阮四娣、陈德华、张新英等人的作品都被制作成磨漆画。由于金山磨漆画在技艺、语言、色彩方面，对传统漆画有了较大的突破，具有一种质朴、朦胧的特殊韵味，得到专家教授和各地工艺大师们的高度赞扬。乔十光在画展《前言》中说："金山农民画家画漆画，是对传统漆画的一个冲击，也是对传统观念的冲击,这对发展漆画增添了新的力量。"在这次大展评选中,金山十幅作品获得三项大奖。阮四娣的《花与鸡》获荣誉奖,陈钚《撒网》获优秀奖,陈钚、陈德华合作的《雷峰塔》获工艺奖。陈钚的《晚归》《撒网》被中国工艺美术馆收藏。

同年11月间,"中国漆画专展"赴苏联参加文化交流展览,其中陈钚的《撒网》入选。12月《中国漆画专展》在日本展出,陈钚《爨文》入选。12月,"上海漆画专展"在上海美术馆展出,金山十幅入选。他传授的学生中,有阮章云、朱希、胡伟、孟雨秋、张斌、冯正兴等。成绩突出的如张斌,多次获奖。但由于磨漆画创作周期长,工艺较复杂,学的人少,市场也小,因此始终没有形成大的气候。

黑陶,是上世纪六十年代末,金山县亭林镇发现新石器时期仰韶文化晚期遗址出土的陶器。其品种繁多,有豆、罐、壶、盆、杯等,造型精美,纹饰简练概括。这是四千年前金山地区的民间工艺美术、良渚文化的遗存。金山农民画院十分重视民间艺术的挖掘和保护,积极开发利用,推陈出新,于1992年开始研制,生产了金山黑陶。

1992年初,我与金山县中校长唐一鸣谈起研制黑陶的想法,他非常感兴趣,表示可以将烧陶的窑建在县中的校办工厂内。为解决技术问题,我与河南一家中原石油勘探局劳动服务总公司取得联系,他们同意负责生产制作。这样在7月间,三家共同成立了上海华亭陶艺厂,聘请金山教师进修学校的倪丁为厂长,县中副校长江为民为董事长,画院的阮章云负责产品的设计。

金山黑陶是仿亭林新石器时期黑陶的工艺制作而成,它保持了良渚文化的端庄神韵,"黑如漆,明如镜,硬如瓷,击如磬",使古老的黑陶艺术重放异彩,被评为"沪郊百宝"。成为上海领导人出访时赠送外国领导人的高雅礼品。

1993年7月,经有关各方协商和金山县文化局的同意,终止了与金山县中、河南劳动服务总公司的联营合同,11月更名为金山农民画院陶艺研究所,由金山农民画院副院长阮章云兼任陶艺研究所所长。

1994年3月,由金山农民画院陶艺研究所、汉光陶瓷艺术馆主办金山黑陶艺术展览,展出作品七十件。《解放日报》《文汇报》、上海电视台、中央电视台都作了专题报道。1994年10月,由阮章云设计的八件黑陶入选文化部主办的中国民间艺术一绝大展,1995年,有八件作品参加法国展,等等。

金山黑陶的开发成功被媒体誉为"上海开埠文化的一大贡献",陶艺界把金山黑陶比喻为"明式家具",形成良渚文化与现代美学融为一体的金山黑陶艺术。

十、流产的全国画乡联谊会

中国的农民画前后有过三次高潮，分别为1958年、"文革"时期、二十世纪八十年代。第一次以壁画形式出现，江苏邳县为代表，很快就冷却。第二次以陕西户县为"样板"，受"文革"影响，更加异化。第三次以金山为代表，回归乡土，其规模和影响，远远超过了前两次。在1980年代中，陕西、河北、浙江、广东、吉林、贵州、重庆、山东、江西、青海、天津等省市都相继涌现了农民画创作群体，至1988年，国家文化部社文局命名了五十一个"中国现代民间绘画画乡"。在这样的背景下，1988年11月，由《中国美术报》和陕西省文化厅、西安市文化局发起，在户县农民画馆召开了有全国二十八个画乡、十余个艺术研究单位与群众美术单位参加的"中国现代绘画（农民画）学术研讨会"。

会上除了对农民画的理论研究外，还成立了全国画乡联谊会（筹），大家一致推荐我为会长，打算在上海搞一次全国性的农民画展，同时宣布"画乡联谊会"正式成立。会后还刻制了印章。户县人民政府于（1989）008号文《关于启用"中国现代民间绘画画乡"印章的通知》。全文如下：

> 为了进一步挖掘中国民间美术资料，交流农民画组织、辅导、创作经验，研究探讨农民画艺术理论，1988年11月25日在户县召开了中国现代民间绘画（农民画）理论研讨会。在陕西省文化厅、中国美术报、西安文化局的支持下，与会画乡代表经过协商，自愿组成"中国现代民间绘画画乡联谊会"，会址设在户县农民画馆，

该会图章现已制成,即日起正式使用。

户县文化局 1989 年元月 28 日

1989年7月,联谊会(筹)秘书长陈光墅(江西萍乡)受大家委托,赴北京与文化部群文司司长张聚宁汇报商量成立画乡联谊会的具体事项,但由于"六四事件"的影响,原打算在上海举办全国性的农民画展,未能实现。同时,联谊会的固定办公地点、日常办公与活动经费都未得到解决,上级的审批也更加困难。联谊会就这样不了了之,流产了。

图1：吴彤章在延安宝塔山下延河边
图2：吴彤章与阮章云在延安革命遗址杨家岭

1
―
2

181

图1：关山月（右一）喜看金山农民画
图2：1982年5月28日上海著名国画家唐云、程十发、王个簃（前右二）、应野平（前右三）、沈迈士等在参观金山农民画
图3：吴彤章、阿达与苏姗正在探讨民间艺术

182

第九章　国际交流

一、洋学生苏珊

苏珊是美国人，她是个漫画家，她丈夫是OS国际公司总裁，住在北京。1980年，她在北京的中国美术馆艺术品销售部看到了金山农民画，非常喜欢，希望到金山学习农民画。销售部把我的电话给了她。她来电问我，能不能到金山学习农民画，学费多少。我说不收学费，欢迎你来。当时"文革"刚结束，百废待兴，金山县城连一个像样的招待所也没有，正好处于金山卫的上海石化厂新建了一所金山宾馆，就将苏珊安排在那里。宾馆离县文化馆约二十余公里，她包了一辆小车，每天早出晚归，参加了一期农民画学习班。她在我的辅导下，花了一个多星期，创作了一幅具有金山农民画风格的《滑冰》。她还送了几幅她出版的作品给我，很有童趣。

1982年4月，美国摩根公司董事长丹思及夫人由旅行社陪同专程到金山参观农民画，他们俩受苏珊的委托，向我和农民画作者朋友们问候，并购买了九幅农民画。他在留言簿上写道："我们很高兴，受到了金山朋友们的热情接待。我祖父于上世纪三十年代曾来过中国，听他讲中国很美丽，今天我们看到的比听到的更美丽！"

1990年4月，苏珊第二次来上海，那是由上海解放日报社、上海大学美术系举办"中国民间艺术博览会"，她来电说要来观看，并约我在上海见面，商谈她在香港代销金山农民画的事项。后来她在香港推销了农民画一百多幅。2004年，苏珊送十六岁的女儿到上海读书，专程到金山来看望我和老张。她告诉我，她是犹太人，正在搜集有关犹太人在上海的资料，问我知道不知道这方面的情况？我幼年在奉贤乡下度过，没有接触过在上海市区的犹太人，也就无可奉告了。

二、西德展览，卫星转播

1981年8月8日，联合国粮农组织救济委员会西德分会的主席维·迪尔斯曼先由中国国际书店郭继先等陪同，专程来金山参观金山农民画及拜访农民画家。据郭先生介绍，这位迪尔斯曼已经从北京的中国国际书店购买了六十余幅金山农民画，打算回西德筹备展览，这次是来实地考察。他了解有关金山农民画的发展过程以及一批农民画作者，要把张新英、阮四娣、曹秀文、陈铧、王金喜、钟德祥等介绍给西德观众。临走时，他请我写一幅"金山"两字的书法，放在展览厅里，又选购了4幅农民画，并在留言簿上写道："今天是美好的一天，我结识了许多新朋友，衷心感谢。"

8月31日，北京的中国国际书店艺术品科来信说，迪尔斯曼先生决定于10月5日在西德的杜赛尔道夫展出金山农民画，接着于10月21日在波恩展出。在杜赛尔道夫展出时，西德外交部长希而德加尔·德哈姆·布吕歇尔发表了开幕词，对金山农民画给予了高度评价，我国驻西德大使张彤也出席了开幕式。西德电视台还通过国际卫星向全世界播放了金山农民画在西德展览的盛况，引起世界瞩目，影响很大。西德的报纸对金山农民画评论道："在中国的上海郊区金山县，具有刺绣传统习惯的一些农业女工，了不起地施展了艺术创造才能，开拓了一个美术新领域，她们以绝妙的色彩、生动感人的形象、独特的艺术风格，赢得了自己崇高的荣誉。"1981年11月1日，我国的中央电视台在国际新闻节目里播放了金山农民画在西德波恩展出的盛况。

三、荷兰展出的周折

1982年6月，荷中友协鹿特丹分会副会长黄敦品在上海对外友协同志陪同下，到金山参观农民画。黄先生很欣赏金山农民画，建议去荷兰展览，并与我们一起拟定了赴鹿特丹展出的具体方案。谁知出现了意外：荷兰海关扣留了我们寄去的准备办展的农民画，不准通关。据说是为了防止"红色宣传品"进荷兰。黄敦品通过熟人，几经周折，终于请来了一个主管文艺的高官，亲自到海关审查。结果，这位高官非但不认为是"红色宣传品"，而且还特别欣赏。他还建议在鹿特丹展出后，可以到全国去巡展。后来金山农民画在荷兰巡展，深受荷兰人民喜爱，有青年人带着老人来参观，有老师带着学生来参观，他们普遍反映："中国的农村很美，农民生活很富裕和幸福，看了画展给人一种快乐的美好的精神感受。"最后，荷兰买下了全部展品。

时隔多年，黄敦品第二次来金山，我们在新建的农民画院接待了他。他谈起金山农民画在荷兰的巡展，还是那么兴奋，那么神采飞扬。他这次来金山，是为朋友挑选几幅农民画，他说，"那年，金山农民画在荷兰展出，勾起了不少华侨的思乡之情。"

一家荷兰画廊，看到了商机，长期与画院合作，在荷兰经销金山农民画。

四、基辛格夫人购画

    1982 年 10 月，基辛格夫人要到上海金山县来购买农民画。事情的原由还得从头说起。1981 年 12 月，"中华人民共和国当代画展"在纽约国际画廊开幕。画廊门口悬挂着中美两国的国旗，这个代表国家级水平的画展，除了一百余幅金山农民画之外，还有中央美术学院的教授、著名画家的作品。基辛格是这次画展的支持者，因此在画展开幕式上，不仅基辛格与夫人出席了，而且许多联合国的官员都来参加了。基辛格作为一个政治家，对中国的观察比常人更加深入，他从金山农民画中看到了中国农民的生活图景，看到了一个真实的中国，因此他与夫人对金山农民画表现出浓厚的兴趣。

    基辛格夫人这次来中国提出要求去金山购买农民画，并想看望农民画家们。有关部门考虑到金山县没有接待这么高级别外宾的条件，因此让我们派代表带着画到上海与她见面。基辛格夫人住在上海的锦江饭店，我与曹金英、陈芙蓉带了五十多幅画在宾馆里见到了基辛格夫人。她说，去年在纽约参观过金山农民画展，每一幅都很吸引人，色彩特别漂亮——最后她选购了五幅：张新英的《迎新客》、陈芙蓉的《重阳节》、曹金英的《鱼塘》、陈卫雄的《斗牛图》、阮章云的《福富》。后来听说她最喜欢一幅《迎新客》，把它挂在客厅里，包含着中国人的"有朋自远方来，不亦说乎"的寓意。

五、托马舍维奇的一场虚惊

1979年10月，上海市委办公厅综合处告知金山县政府，有一个南斯拉夫的外宾要来采访金山农民画作者。我与文化馆领导商量后，决定让青年作者阮章云、陈木云、朱希等人参加，农村作者以枫围公社胜利大队为参观点。

这位外宾叫托马舍维奇，是南斯拉夫评论社主编，他正在编辑一部《世界稚拙艺术百科全书》，而代表中国的稚拙艺术，他选中了金山农民画。那天他的采访安排在金山县科委的三楼会议室。他采访完三位青年作者后，下午就由我陪同去枫围公社。

在此之前，我已去枫围公社联系，并商量好外宾参观点放在胜利大队，因为胜利大队不仅是金山农民画的起点，而且那里的农民画作者曹金英、曹秀文也是早期金山农民画的代表。为此，我还特地去胜利大队落实接待事宜。接待点放在曹金英、曹秀文两家，农村里的人不知如何接待外宾。我说不需要特别布置，外国人希望看到他们国家看不到的东西。

枫围公社是水网地区。那时，从公社到胜利大队中间隔着一条几十米宽的河道，没有公路可通，平时用小船摆渡，但让外宾坐小船摆渡，而且要走一小时的路，恐怕不合适。公社领导说，他们有一条小汽艇，可乘五六个人，于是我们就乘小汽艇前往。时逢秋高气爽，托马舍维奇欣赏着两岸金黄色的丰收的田野，显得很是放松和开心。当汽艇开进胜利大队时，突然响起响亮的鞭炮声，把托马舍维奇吓了一跳，他顿时神情紧张地对翻译说："这里是不是不安全？"他在南斯拉夫打过游击，听惯了枪炮声，误以为这里也有战争。翻译告诉他，这里没有战争，这是中国人欢迎来宾的一种

189

礼仪。外国人没有"鞭炮"的概念，翻译比比划划跟他解释了一阵子，让托马舍维奇的情绪缓和了下来。

从大河进入小河，再到曹金英家，中间要经过大队部门前的一座水泥桥，桥上挤满了欢迎的人群，岸边还拉起一条"欢迎托马舍维奇参观访问"的横幅，鞭炮声还在继续，这时客人已经放松了，向大家招手示意，汽艇放慢了速度，缓缓驶过桥洞。从桥洞出来，桥上人群都齐刷刷地转过身来，继续好奇地观看着这个从未见过的外国人。汽艇在曹金英家的河埠头停靠，一行人来到曹金英的房间，房内有张雕花大床，一张小方桌，桌上放着九子果盘，果盘中有瓜子、花生糖、云片糕之类。曹金英拿出自己的各种绣品给客人看。这时，室内的光线突然暗了起来，我让曹金英拉开了电灯的开关。原来窗外好奇的大人小孩一张张脸贴满了玻璃窗，把光线全都遮住了。托马舍维奇对这一切都感到新奇，饶有兴趣。他说："金山农民画非常好，我要把它编入世界农民画册，让世界都知道中国农民画。"

事后，我问过大队支书，怎么想起放鞭炮？支书说，他们从来没有接待过外宾，郑重其事地开会讨论，开始只想到拉个横幅，但有人说，外国人不懂中文，横幅上的字看不懂，意义不大，然后才想到放鞭炮，没想到外国人误以为枪炮，差一点闹出误会来。

1985年6月，托马舍维奇主编的《天真画派世界百科全书》出版，此书由英国伦敦Frederick Mumer出版，在上海人美出版社社长杨涵等四人的陪同下，他亲自将此书送到金山。书中介绍了十二位金山农民画家和十四幅金山农民画，他们是曹金英《举国欢庆》、曹秀文《采药姑娘》、陈木云《竹林尽处》《喧闹的早晨》、姜国红《春笋上市》、阮章云《花鲜猪更肥》、沈德贤《采珍珠》、薛德良《围海造田》、夏增强《繁忙的渔港》、王金喜《向阳桥》、张凤英《梳妆台》、朱希《织网姑娘》《金谷满仓》、钟德祥《夜》。还有我一篇介绍金山农民画艺术特色的文章。

六、法国之行

1994年初，金山农民画院接到法国《欧洲时报》之邀请，由上海市海外文化交流协会组团赴法，举办金山农民画及民间工艺品展览。法国巴黎是世界艺术的中心，金山农民画及黑陶工艺品能进入法国巴黎及其他城市展览，这对扩大金山农民画在欧洲的影响，让欧洲进一步了解东方，了解中国，有着重要的意义。因此得到了上海市委宣传部、上海市文化局、上海市外事办公室的大力支持。同年8月初，国家文化部下达了同意金山农民画赴法展览的批文。上海海外交流协会代表与农民画院签署了协议书，《欧洲时报》社长杨泳桔女士亲自来农民画院考察，表示一定要合作办好这次展览。

然而"万事俱备只欠东风"，这"东风"就是经费问题。《欧洲时报》是民营报社，无力承担所有费用，从金山到法国的来回机票需要我们自己解决。因此尽量精简办展人员，画院就我一人，另外由海外交流协会派出的一位翻译老蔡。但那时农民画院的经费紧张，前一阶段我们为了扩大销售业务，制作了一批月历、贺卡、艺术拎包和拍摄《金山黑陶》等电视片投下了大部分资金，一时周转不了出国经费。县里的意见是，如果经费解决不了，就放弃这次访法展览。后来我提出我与翻译的费用由我先填付，待卖掉了画，再报销，如有不足，差额由我承担。为此，我专门打报告给程志强县长，力陈此次法国展之意义，终得成行。

1994年10月20日晚11时，我与老蔡从上海出发，途经俄罗斯上空，到法国巴黎，天色已晚，乌云密布，看不到巴黎的迷人夜色。很快飞机便降落在戴高乐机场。《欧洲时报》的朋友在出口处举着牌子来迎接我们。

我们坐上他们的汽车，大约行驶了一个小时，进入巴黎市区的一条华人街。我们走进一家中餐馆，店堂里供着中国的财神菩萨，招待我们的老板娘说一口上海话，仿佛还在上海，感到特别亲切。晚饭后，驱车来到《欧洲时报》办公楼，那是一座三层楼的法式洋房，三楼有两间客房，我和老蔡各住一间。冰箱里为我们准备了次日的早餐。

第二天，《欧洲时报》杨泳桔社长与我们研究展览的有关事项，决定与法国两位画家联合举办"中法秋季联合画展"，用曹金英的《鱼塘》作为展览会的海报。晚上，杨社长设宴招待我们，还介绍了华商联谊会的一些老总与我们见面，要求老总们每家轮流接待我们两天，解决我们在巴黎参观中的用车、用餐、门票等问题。为表示感谢，我送他们每人一幅农民画，并邀请他们参加画展的开幕式。

为布置画展，我们与《欧洲时报》画廊的工作人员忙碌了三天，于10月27日，"中法秋季联合画展"隆重开幕。金山展出农民画一百幅、黑陶十件，以及法国青年图像油画和摄影作品。出席开幕式的中法来宾二百余人，有旅法雕塑家张充仁、国画家范曾。范曾还送了花篮。他对金山农民画给予了高度评价。他说金山农民画继承和发展了中国的传统民间艺术，有浓郁的生活气息，有时代的特征，有艺术情趣，夸张变形是来自作者对生活的感受和每位画家的个性特质，表现了劳动人民朴素健康的审美取向和对美好生活的追求。它与西方现代艺术相比，是真善美的。西方现代主义艺术继承了一个叛逆的传统，完全抛弃了内容，最后把仅有的一点艺术形式也都抛弃了！法籍华人叶星球写下了一首诗，题为《泥土的芬芳——参观金山农民画展》，发表在《欧洲时报》上：

家乡的风，纯情浪漫。

多少童年往事，散发出醉人的馨香。

剪纸、灶壁画，挑花、纸马。

平面的构图,色块的配搭;

不同的观点,表现出广阔的空间。

剪双喜,绣鸳鸯,枝头喜鹊叫喳喳。

赶集,迎亲船,双龙抢珠喜洋洋。

迷人的诱惑,泥土的芬芳!

　　开幕那天大约有一半展品贴上红纸条,说明已经定购出去了。我一颗悬着的心,终于放了下来。第二天,我们把展览的事务全委托给画廊的工作人员,我与老蔡抓紧时间,马不停蹄,如饥似渴地参观了卢浮宫、奥赛博物馆、蓬皮杜国家艺术文化中心、毕加索博物馆、罗丹雕塑博物馆、巴比松村、米勒画室、大皇宫美术馆、凡尔赛宫、埃菲尔铁塔、凯旋门、雨果故居、巴黎圣母院、圣心教堂蒙玛特高地艺术集市、卢瓦尔河谷城堡以及诺曼底遗址;欣赏了欧洲的古典主义、新古典主义、浪漫主义、印象派、野兽派、立体派、波普艺术、概念艺术、极少主义、表现主义等等层出不穷的艺术流派的作品,使我对西方艺术的发展有了一个总体的印象和认识。

　　在国内也看过一些印刷品,对法国的浪漫主义、印象派作品似乎并不陌生,但看了原作,感觉就是不一样。这些浪漫主义的作品,奔放豁达,充满内在的力量,它激烈的运动感、饱满的构图、充实的色彩、流畅的笔触,具有强烈的感染力和震撼力!印象派对光原色的发现和运用,准确地抓住对象的迅疾变幻不定的光色效果,留下瞬间的永恒图像,对欧洲的艺术发展有着举足轻重的作用。

　　战后的西方艺术,普遍让人感受到人在世界上是孤独的,是对现存秩序的反叛。这种反叛思潮,成了西方现代主义的基因,艺术家们都想做到前无古人,最后把艺术彻底叛逆掉了。我到蓬皮杜国家艺术文化中心参观现代主义作品,光怪陆离,都是非人性化的,甚至完全抛弃内容,只有简单的大色块和一些肌理效果,把现成品拼接起来,把一张照片几百次的排列，有的就是压缩的破铜烂铁，有的就是一堆打包的废纸——当我走出艺术中心的时候，似乎有所感触，但实在说不出心灵上有什么启示。正如极少主义艺术家所认识到的，艺术本身的边缘，只能是艺术自身的完结，与原先被认为艺术的东西已毫无相干了，或者说，艺术与非艺术的边界线没有了。

巴比松画家村紧挨着枫丹白露森林，这里美丽的田园风光，吸引着十九世纪三十年代的一批充满新奇想法的巴黎画家纷纷跑到郊外去寻找灵感，追求对大自然的写生和创作。1849年米勒带着妻儿到此定居，一边种田，一边画画，他用坚实、凝练的笔调，描绘出法国农民朴实勤劳的品格，他的代表作《拾穗者》《晚钟》《播种者》，我在初中时早就看到过印刷品，心里一直崇敬着这位农民画家的艺术才华和博大宽厚的胸怀。所以这次巴黎之行十分期待能身临其境，体会一下他生活和创作的环境。米勒家是一幢砖木结构的二层小楼，楼上是画室，陈设简朴，屋顶上开了一扇大的天窗，窗下有一块布帘，可以调节光线，画架旁放着他用过的一块调色板，让人真切地感受到昔日画家的生活气息。我在那里沉思良久。巴比松画派的宗旨是"回归自然"，而金山农民画的宗旨是"回归乡土"，都是一种返璞归真的理念，同样闪耀着人性的光辉。

我们来到大名鼎鼎的巴黎圣母院，踏进教堂大门，只见高大的圆拱穹顶下，彩绘、浮雕和一座座雕像，把我们带入了一个远离尘世的神秘境界，使人凝神屏气。排着队进教堂的天主教徒们都在一只木箱里拿起一支白色的蜡烛，点亮后插在神像前的桌台上，在胸前划十字，虔诚地向上帝祈祷。我不是教徒，但觉得应该入乡随俗，也跟着拿起一支蜡烛要去点火，老蔡在一旁说，"要付钱的！"我放下了。后面的人用异样的目光看着我，我深感自己的寒酸。当我们离开教堂时，走过小卖部，就有了买纪念品的冲动，我选了一条挂有十字架的银项链，花去我口袋里仅有的几块美元。

走出教堂,遇上几个老妇围上来向我们乞讨,此时,我囊中羞涩,十分尴尬。陪同我们的巴黎朋友对他们说了一句法语,他们就退下了。我很诧异,他解释道:"这些都是东欧来的流浪者,把你当日本人了！我对他们说你是中国人,她们知道中国与他们的国家一样穷,所以——"

　　我听了心里真不是滋味。但我们确实很穷！当然,这是发生在二十年前的事,现在中国强大了,中国人出国旅游,大包小包购物,底气十足,已替代了日本人。

七、赴马来西亚考察

1993年3月，我随上海市农委赴马来西亚考察团到了吉隆坡，正赶上马来西亚一年一度的穆斯林开斋节。在此节日里，马来西亚家家户户准备了丰盛的水果与糕点，招待客人。他们特别欢迎其他民族的朋友前来做客，并引以为荣。我们考察团的向导原在中国驻马来西亚大使馆工作，非常熟悉当地的风俗习惯，也认识不少政府高官，他陪同我们去农业部长家里拜访。我们走进一幢阿拉伯建筑风格的大房子，只见大厅里已经宾客满座，几位漂亮的年轻人，穿着他们的民族服装，忙忙碌碌地招呼着客人，一边婀娜多姿的女宾们轻歌曼舞，享受着节日的欢乐。客厅四周无数五颜六色的热带花卉，散发着醉人的芬芳，那种异国风情，给我留下了深刻的印象。

部长和夫人穿着节日的盛装热情地接待我们。我送了一幅杨德良创作的《元宵灯节》农民画，部长和夫人看了非常欢喜。向导介绍我是金山农民画院院长，部长感到很新奇，问起有关农民画的情况。我介绍了中国农民画产生的时代背景，以及金山农民画院的性质和宗旨。部长听了产生浓厚兴趣，大加赞赏。当我们告别时，部长热情地邀请我们明天由他亲自陪同参观马来西亚的"农业公园"。

第二天上午9时，我们到了农业部大楼接待室，不久，部长来了。他说昨夜与夫人观赏金山农民画，感触颇深，讨论研究到凌晨1时。今后部里召开农业工作会议，把中国送的农民画给那些农业官员们看看。我们要向中国农业部学习，不单要帮助农民提高农业生产，也要重视农民的精神需求，扶植农民的文化艺术，欢迎金山农民画到马来西亚展览。上车时，部长特地让我和向导坐在他的车里,从农业部到农业公园,约有一个多小时的路程,一路上部长很健谈,他谈欧洲的绘画,也谈自己的艺术观点。他喜欢"返璞归真"的艺术,认为马来西亚当今的绘画受西方现代主义艺术影响很深,失去了本民族文化传统。他建议我到东马考察,那里经济虽然相对滞后,以农业为主,但民间还保留着传统的文化艺术。

农业公园是马来西亚农业部于1986年创建的一所富有特色的公园,占地258公顷,是一片辽阔的热带雨林。公园设有原住民村庄、四季屋、各种植物园等。马来西亚没有四季变化,为了让游客体验大自然的春夏秋冬,人造了"四季屋"。我们来自温带的人,参观四季屋,大巫见小巫的感觉。但我们参观植物园时,那千奇百怪的树木花草,真让人惊叹大自然的造化之功! 农业公园浓缩了马来西亚的自然风光和人文景观,不虚此行!

我回国后不久就办了退休手续,去马来西亚办展的事,向有关领导作了汇报,也算尽了我的责任。后来没有去成,我就不知就里了。

八、应邀赴日出席亚洲民间艺术研讨会

2004年2月28日晚，我与新英正在看电视，电话铃响了，我拿起听筒，传来一位女士的声音："我是从日本仙台打过来的电话，这里是张新英的家吗？"我就把听筒给了新英。新英自我介绍后问有什么事。对方说："您是著名的农民画家，想邀请您出席在日本召开的亚洲民间艺术研讨会暨作品邀请展。我姓陈，东北人，可以为您作日语翻译。"新英感到突然，用她的上海本地话回答说："我没出过国，恐怕勿来三。"对方急着问："您说什么？你说的是上海话，我听不懂！不过也没关系，这里有上海留学生。"新英把电话传给我，让我听。对方就把邀请之事再说一遍，并告诉我，他们还邀请了北京的廖开明、户县的雒志俭。她提到的这两位，都是我们的老朋友，新英出国可以放心，就替她答应下来。

到了3月7日，那个陈女士又来电话，这次是找我的。她在电话里说："我们从有关资料得知吴先生是金山农民画的开拓者，想邀请您一起出席研讨会。同时也想问一下，先生的电话号码，怎么与张新英女士的电话号码相同呢？"我告诉她，张新英是我妻子。她说："原来是这样啊。那你们一起来，我们就更放心了！"

3月18日，在日本留学的女学生仇晓芸，陪同日本宫城教育大学汉文学教授岛森哲男到金山访问，并带来了横须贺·薰校长的邀请函。他们到了我家，看到了张新英的三十三幅作品，教授说："这三十三幅作品都很精彩，是否同意全部带去日本展览？"我出于友好，就同意了。中午我宴请了客人。

5月12日，我们与北京的廖开明坐同一架飞机到了日本仙台。到机场迎接我们的是陈女士、岛森哲男和晓芸。晚上，岛森夫妇邀请我们去他们家吃饭，横须贺·薰校长前来欢迎我们，并共进晚餐。我送了一幅张新英的农民画《煮汤圆》，解释道："正月十五吃汤圆是中国江南地区的习俗，寄托着全家健康，年年团圆，幸福美满的祝愿。"校长说："作品含义深，风格新，是一幅精品！"他表示非常感谢。

宫城教育大学简称"宫教大"，1965年由东北教育学院与宫城师范学校、宫城青年师范学校合并而成，鲁迅先生留学的仙台医学专门学校，原属东北教育大学，所以宫教大内有多处鲁迅当年留下的遗物和遗址。第二天岛森和晓芸陪我们参观了鲁迅留学时的教室，陈列馆内有鲁迅学生时代的照片、试卷和成绩单，瞻仰了仙台博物馆前的鲁迅纪念碑，以及参观美术工艺馆和青叶城遗址等。

接着，我们与越南等国代表一起拜会了横须贺·薰校长。他谈到这次研讨会的宗旨是，希望参加者在作品的素材和表现技法方面，互相激励，互相理解每个作品内涵的生活和文化，加深艺术研究，探讨在校教育和终身教育的问题，以及如何将这些作品作为教材去活用的问题。他说，如果通过这样的活动能增进同居亚洲的人们，互相理解，我们将是不胜荣幸。

"倾听亚洲民间喜悦与祈盼之声——亚洲民间艺术研讨会暨作品邀请展"在日本仙台媒体中心开幕。来自中国、韩国、越南、日本本土民间艺术家、学者、记者、学校师生等三百余人出席了开幕式。中国参展的是清一色的农民画，有陕西户县、上海金山、浙江舟山、天津北辰、吉林东丰、辽宁彰武、河北新集、河南舞阳、广东龙门、四川綦江、贵州大方、云南武定等参展作品共一百多幅，加上韩国、越南等共计二百幅，其中张新英一个人就展出了十八幅。

在仙台的报纸上，用彩色版介绍了张新英的《厨房一角》，一个记者报道了展出的动人情景：

曾获联合国教科文组织与中国民间文艺家协会授予'一级民

间工艺美术家'称号的中国上海金山区的农民画家、一头银发的张新英老妈妈为人们现场作画,这位72岁的中国农民画家的作品引起了观众的强烈共鸣。一位日本女士站在张新英的题为《吻》的画作前,不禁热泪潸然,她说她也有像画中这样一位可爱的婴儿,画面中的母子亲情,使她不能自已。一位推着助动车,车上坐着耷拉着脑袋的孩子的父亲,在张新英的一幅幅画前,聚精会神地缓缓走过,他是想让画中流动着的爱之声唤醒病孩的羸弱的心灵吗?这正如此次会议前,专程去上海金山拜访农民画家的宫城大学的岛森哲男教授所说,这些画里面有生活,有快乐和祝愿,不只停留在视觉,还能听到声音,有听觉美,如看到《过年》《回娘家》等作品,就使我想起在中国过春节时耳边响起的鞭炮声。

横须贺·薰本人是一位民间艺术的爱好者,自1987年起五次访问中国,他和与会的中国代表,早就成了老朋友。他对张新英的画特别喜欢,他问新英:

"你是中国的国宝吧?"

"我哪里配得上国宝,不过是路边的一棵草!"新英笑着回答。

"张女士过于谦虚了!"

校长对张新英的回答有点惊奇。我向校长解释:"新英是一位非常真实的人,心里怎么想,嘴上就怎么说。农民画是中国特有的一种文化现象,是群众性的业余创作活动,他们也不同于民间艺人,就是民间艺人也没有'国宝'之称。中国自古有阳春白雪和下里巴人之分,当下也有庙堂与草根之别。农民画自然列入草根艺术之中,所以新英把她比作路边的小草,也在情理之中。但'草根'也不算贬义词,古人有'野火烧不尽,春风吹又生'的诗句,就颂扬小草的顽强生命力。"

校长点头表示同意我的看法。他又问我:

"张女士的画里有'禅'的意境,你怎么看?"

这个问题我没有思考过，不知如何回答，只能含糊地说："新英退休后，没有了工作压力；孩子都长大了，也没有了生活压力。她开始学画，是想寻找一块属于自己的精神家园，没有刻意追求'禅'的意境。"

事后想想，校长对中国文化有深厚研究，不会信口开河，他对新英的作品一定有所感悟。这才促使我思考这个问题。中国文人所追求的"禅境"，是一种淡泊、自然、空灵、澄澈，不食人间烟火的境界，而新英喜欢画的是农家生活，反映的是那种浓浓的乡情和亲情。她以率真的秉性，独特的审美意识，可以把一些平凡的农家生活场景，描绘得颇具情趣和意味。张汀先生曾为她的画题词："性情所至。"新英的画，并非刻意创造出来的，而是在那非常松弛的状态中，自然而然地流露出她那平和、安乐、自由的心境和气质。这也许就是校长在新英的作品中感悟到的禅意吧！

在研讨会上，我作了《金山农民画风格形成的由来》演讲，又对作品作了演示和讲解。越南和韩国的艺术家介绍了他们国家的民间艺术。日本的研究中国版画和剪纸的专家也作了专题发言。与会者一致认为，民间艺术家虽然名不见经传，但他们的描绘了自己生活的图画，是民族文化传统伟大能量的迸发和释放。只有民族的才是世界的。由于民间艺术之根深扎在民族文化传统和人民生活的土壤之中，因此具有永不枯竭的强大的生命力！

我们回国前，岛森教授转达横须贺·薰校长的意见，希望把张新英女士的画全部买下来，作为宫教大的艺术藏品和教材。开始新英有的舍不得，我想她的画能被一所名牌大学收藏，一是比较安全，二是更能发挥它的作用。新英被我说服了，但我不由自主地说了一句带点伤感的话："今后中国学者如果要研究张新英的艺术，看原作，就要跑到宫教大来了！"岛森教授欣然点头，我顿时产生了一种失落感。

我们在日本共八天，5月19日回到上海。至今还与横须贺·薰先生、岛森教授保持着联系，每年互送贺卡，祝贺新年。2012年，横须贺·薰及夫人特来金山拜访，我们陪他们参观了金山农民画院以及近几年一些年轻作者创作的作品,他不无感慨地说,现在的作品不如过去的,很是可惜!

附:日本宫城教育大学收藏张新英作品清单

1.《初春》　　　　　　　　2.《农运会》

3.《节节高》　　　　　　　4.《新灶头》

5.《渔家酒》　　　　　　　6.《赶早市》

7.《争食》　　　　　　　　8.《瓷器店》

9.《茶馆一角》　　　　　　10.《花灶头》

11.《素灶头》　　　　　　　12.《灶间一角》

13.《迎新客》　　　　　　　14.《雕花楼》

15.《赶麻雀》　　　　　　　16.《北窗口》

17.《五更天》　　　　　　　18.《三只牛》

19.《吻》　　　　　　　　　20.《打玩具》

21.《江南小镇》　　　　　　22.《旋风扫落叶》

23.《闹厨房》　　　　　　　24.《去外婆家》

25.《跳龙门》　　　　　　　26.《滑滑梯》

27.《母鸡领小鸡》　　　　　28.《糊鞋箔》

29.《汤罐》　　　　　　　　30.《吃汤圆》

31.《凹槽》　　　　　　　　32.《晒太阳》

33.《擀面》(送岛森)

吴彤章的第一位洋学生苏姗(中)

| 1 |
| 2 |
| 3 |

图1：吴彤章挑选出国展览作品
图2：托马舍维奇在去胜利大队的船上
图3：托马舍维奇在曹金英家中作客

第十章　艰难的历程

一、怀疑派种种

1974年，我们开始举办农民画学习班。农民画在金山是个新鲜事物，谁也没有把握，可资参考的，只有户县的农民画。但户县的农民画已向专业绘画靠拢，强调素描和透视，一般没有经过专业训练的知识青年和农民是无法做到的。即使在老师的帮助下完成了几幅作品，也无法继续下去，更不要说推广开来了。经过一段时间的摸索，我决定放弃户县路子，立足农村，从本地的民间艺术中汲取营养，创造具有江南农村特色的农民画。因此我找到了一批能绣花、剪纸、织布的农村妇女，但此举不是大家所能理解的。当时文化馆里就有人说，"文化馆成了农村妇女馆了"！后来曹金英的第一幅作品《庆丰收》，参加一次上海综合性美展，有国画、油画、水彩画、版画、连环画等各个画种，评委看了曹金英的画，都说有特色，但不知归在哪一个画种，最后没有展出。想不到此事在金山引起了一场"风波"，马上就有人幸灾乐祸，说什么吴彤章教老太婆画画，教出个"四不像"！虽然农村的大嫂、大妈并没有打退堂鼓，她们相信"吴老师的看法不会有错"，但有些青年作者动摇了。他们对我说："吴老师，看来这条路走不通了！"我说："他们说'四不像'，这就意味着我们有了自己的新品种，法国的印象派、野兽派都是被骂出名的。让他们去嘲笑，去谩骂吧！'四不像'也会越骂越出名的！"

直至1980年初，我们的农民画已经在北京打响，文化部领导、美术界专家对金山农民画作出高度评价的时候，在我们金山县也不是所有人都认同的。日本宫城大学校长横须贺·薰就曾对我说过，他到中国来问起中国的农民画，接待他的人都摇头说不知道。可见社会上许多人认为农民画不登大雅之堂，不屑一顾的。所以，当我从北京回来，兴冲冲地向县里有关领导汇报北京展出情况及专家们的评价时，那位局领导不耐烦地打断我的汇报说："我对绘画也懂一点，这不过是北京的领导、专家说了一些恭维话、客气话！"其言下之意是农民是搞不出什么艺术来的，所以国家文化部的领导和专家们的肯定和赞扬，都成了"恭维"和"客套"！这不啻给我当头浇了一盆冷水。也许他是出于好意，怕我"知识分子翘尾巴"，但中央的领导和专家有什么必要对我一个小小的县文化馆工作人员说什么"恭维话""客气话"呢？难道他们的意见不值得听一听吗？他们的艺术观点不值得研究一下吗？

二、《解放日报》的质疑文章

　　1981年8月20日,《解放日报》市郊版刊登了一篇具名倪新的《农民画要为农民所喜爱》的文章。文章的观点主要有三。其一,认为农民画"并非为农民的生活需要而发生、成长,农民们也没有把它们用来美化生活和发挥其实用价值"。又说"没有看到一户人家贴农民画",所以"同农民生活绝了缘",是一种"不正常的现象"。其二,作者认为"目前市郊农民画的社会价值一是作为展品,二是出售给外商","长此以往,农民画的方向将有如无根之木、无源之水,为狭隘的功利而舍弃了更为重要更为广阔得多的发展道路"。其三,农民画不为农民喜欢的原因是艺术上不够典型,不符合农民欣赏习惯,不讲究透视和立体感。这三个方面,除了有些是常识性的问题外,有些问题如农民为什么不消费农民画、艺术作品与商品的有怎样的辩证关系、农民画的艺术价值何在,这些都是可以展开讨论的,有许多艺术评论家已经注意到了这些似是而非的问题,如王朝闻、张汀、郎绍君、金冶等等,在他们的文章里都已作出了深刻的剖析和论述,这里不再赘述。

　　本来,出现不同的声音,也很正常。令人不解的是这篇文章一出,金山文化馆有些人特别高兴,有的说"报上有文章了,快拿来看看!""金山农民画不行了!"弄得一些农民画作者灰溜溜的不知所措。

　　无独有偶,1982年第二期《美术》杂志上发表了一篇批评某些领导把金山农民画当作商品向国外出售的现象。这篇文章虽然不是针对金山农民画本身,但也造成了某些观念上的混乱。

　　这两篇文章的出现,引起美术界高层领导的注意。1982年4月12日,中国美协副主席华君武、美协书记处书记阚凤岗、文化部王米,在上海美协副主席、上海文化局副局长沈柔坚的陪同下专程来到金山,参观农民画并看望农民画作者,接待的有金山县委宣传部副部长康衢、文化局副局长毛宗良等,在文化馆的农民画室里,大家边参观农民画家作画,边交谈看法。他们的谈话摘录如下:

华君武:《解放日报》那篇文章(指《农民画要为农民所喜爱》)我准备想为金山平反的,可还没来得及,又出了《美术》的这篇。这篇是中央工艺美术学院的六七个青年人写的,编辑也没有给我看,就发了。影响很不好,我真是检讨也来不及啊!

沈柔坚:写那篇文章(指《解放日报》沪郊版那篇)的人,十足是外行,说农民画表演手法落后、原始,要搞什么立体、透视。照他这样做,那就完了! 你看,这些作品富有时代感,新鲜,充满生活气息。

吴彤章:在北京展览期间,中央美院的学生问我,在辅导农民作者的时候,是否给他们看了国外现代派的作品? 因为它们很像马蒂斯。

华君武:不能说我们学马蒂斯,而应该说,是马蒂斯学我们! 这些学院的年轻人,哪里知道马蒂斯是从东方学去的。

康衢:金山农民画还是一株刚出土的幼苗,请华老等领导给我们具体搞这项工作的同志,提出一些意见,以便改进。

华君武:没有什么意见可提。但不是说已经十全十美了,而是在开展工作中,总会有不足之处。这次我们来,不是来提意见,而是来学习的。金山有肥沃的土壤,如剪纸、刺绣、织布等,她们有这么好的基础,必然会产生这么好的作品。(看沈小妹作画)你们大嫂画得很好,很大胆,色彩很强烈,我不敢用颜色,所以我的画都是黑白的。(沈小妹插话:我们画不来。)不,画得很好,确实是好,我是来学习的,来做学生的!(沈:你们客气来!)这不是客气,这是我从心底里讲出来的。

沈柔坚:平时我们常说传统,这就是传统!

华君武:当然可以画成壁画。(对沈柔坚)上海的宾馆可以画几张。这由你去推荐、落实。宾馆的客房内,挂上几幅农民画也很好。(沈:上海还有一些人很顽固，我就作为推销员去推销）不，应该去把他们的工程师叫来看看，然后布置下去。

大家继续边看边谈。

华君武：《解放日报》的文章说他们没有生活，你看，这不是生活吗？有收割的、滑冰的、盖房的、去托儿所的，多么生动！那篇文章是站不住脚的，不能按他说的去做，坚决不能！户县的教训够深的了！（指着蔡巧英的《幼儿园》）你看，这个滑梯变形变得多好啊，如按透视去表现就完了！所以素描在绘画上太狭窄了。

华君武：（对吴彤章）上海的画家有没有来过？（吴：上海美协曾组织画家来过几次。沈柔坚：上海一些老古董没来过吧？他们看不起农民画。吴彤章：最近画院要求我们去展览。）

华君武：今年的全国美协工作会议到金山来开，一方面让这些全国分会主席来看看，开开眼界；另一方面请这些大嫂们谈谈创作体会。准备在11月，没有特殊情况就定了吧。

华君武：（看阮四娣画画）这位老婆婆也是一个月回家二趟？她家里还有何人？（吴彤章：是的，家里还有老伴和子女。）哦，你把他们变成牛郎织女啰！看来农民画家是很自愿、乐意画画啰！

华君武：（向吴彤章约稿）你写一篇文章总结一下，农民画家这些创作过程、方法，应该总结一下，很有意思。

沈柔坚：我认为中国画应该包括两个方面，其一是文人画，其二是民间绘画。而现在把文人画就叫中国画，把民间绘画排除在外，这是不够全面的。

谈到金山农民画出口定价问题。

吴彤章：美国那个画廊，我们的农民画现在的售价已经提高了三倍，这个合同，市文化局已经同意，现等市宣传部批文，美国方面已经来电催了。我们第一批作品也已准备好，现在订的合同是明年提供一百五十幅，两年三百幅。

华君武：（对沈柔坚）这事你马上去催一下。你16日去北京，最好在去前办好。

华君武：（对吴彤章）以后你们可以搞一个农民画家语录，把他们平时讲话记录下来，要保持他们最原始、最朴实的语言。关于你们现在使用的水粉颜料，存放时间不长，黄永玉赠我的一幅画的颜色已经褪了，所以使用颜料问题值得研究。我在五十年代初，社会上说我其他都画得好，就是缺少一点素描。以后我就讲究画准了。有一次我与外宾的交流中，说我的作品还是以前的好。这才使我恍然大悟。素描是有局限性的，对我们的艺术有束缚。

参观、考察结束后，华君武等领导与农民画家们一起合影留念，并在留言簿上，写下了这么一段话：

于一九八二年四月十二日，我们到了农民画乡金山县，欣赏和学习了内容既好，艺术性又高的绘画精品，又见到了这些纯朴可亲的艺术家，高兴极了。劳动人民创造世界，劳动创造艺术！

（签名：华君武、沈柔坚、阚凤岗、王米）

三、诽谤、诬告、造假等事件层出不穷

金山农民画册最早的版本,是1981年初日本美乃美出版社与上海人美出版社合编的金山农民画册《中国农民的绘》。数年后,随着金山农民画的不断发展和国内外文化交流的需要,上海人美打算单独出版一本内容更完整的金山农民画册。为此,上海市委宣传部、上海市出版局、上海人民美术出版社共同拟定在1985年内出版《金山农民画册》,精选历年来优秀作品六十幅,全部彩印,十二开精装本,图文并茂。文章着重介绍金山农民画的发展情况、艺术特色、创作体会和制作方法等,并印成中、英、日三种文字,而且议定出版经费由出版社支出。这对金山农民画来说当然是不可多得的好事。待一切就绪,准备就印前,出版社负责画册出版的冯显运来信说:"为了统计国内发行数字,请你向有关艺术院校、群文系统等单位,发一封征订通知,确定订购数量。"为此,我与文化馆美术组的同志拟定了订购通知,发向全国。不几日,突然冯显运来电告知,画册不搞了。我去出版社问个究竟。老冯说,你们金山文化馆有两个同志(姑隐其名),拿着单位的介绍信,来出版社反映说"吴彤章有问题,这部画册不能出!"我问有什么问题?老冯说,我们也问过,他们说,"这是保密的不能说!"我问他们为何不来金山调查?老冯说,考虑到你们的矛盾,我们就不介入了。我从1980年起,已是金山县政协副主席,如果有问题,上海市委、金山县委能不管吗?出版社为什么不来金山调查核实,他们内部是怎么讨论的,我不知道。但金山两个"告密者",他们用"文革"手法,造谣中伤,有意制造假象,使人望而却步,让画册出版流产,矛头是针对我的!其实画册内的作品,都是农民作者画的,不是我吴彤章画的,他们这种卑劣的做法，是出于一种阴暗的心理，在他们看来画册的出版又会增加我的业绩而使他们黯然失色！我当时正忙于全国各地的巡展，无暇顾及，此事就没有追查下去。

谁知，诽谤、诬告之事接踵而来。1987年，邮电部要出一套四枚名为《今日农村》的特种邮票。邮票的总设计师邵柏林征求华君武等专家意见后，决定图案采用金山农民画。于是他来电告知并要求提供三十张农民画，由他们挑选。我考虑专程去北京送画，费时费力费钱，就告诉他，我们在中国美术馆卖品部存有五十几幅金山农民画，可去那里挑选。后来他们挑选了四幅：张新英的《江南小镇》《喂牛》，邵其华的《新菜上市》，陈德华的《看电影》。挑选过程我不知道，直到上海《新民晚报》发了消息，我才知道选中哪几张。事隔不久，邮电部的邮票总设计师邵伯林特地从北京乘飞机来金山找有关部门澄清一些事实。邵总临走告诉我，邮电部收到一封检举信，说吴彤章利用职权，将老婆的两张画，拿去出邮票。我们与专家一起选画的时候，你根本不知道。现在有人误会了，怎么办？华君武建议我立刻到金山来说明经过，澄清事实，否则吴彤章要遭人攻击了。我一笑了之，这些人总以小人之心度君子之腹，我能说什么呢！

1991年6月，国家文化部群文司在江苏邳县召开"全国现代民间绘画画乡座谈会"，交流各个画乡的工作经验，并对民间绘画作出贡献的优秀辅导员予以表彰。在宣布优秀辅导员名单的前一天晚上，群文司的张彤特地来我处核实。

"吴老师，您有几个名字？"

"没有啊，我一直用吴彤章的名字。"

"那吴人杰不是你的名字？"

"吴人杰是金山文化馆美术组的一位同志，后来金山农民画社独立出来的时候，他也属于农民画社。"

"他也辅导农民画吗？"

"他从来没有搞过农民画的辅导。我与阮章云下乡办农民画学习班，他说要为女儿补课，不能下乡，我也不勉强他。"

"可是，金山县文化局推荐上来的是吴人杰同志！"

"哦，有这样的事？不过这件事与吴人杰本人无关，吴人杰不是那种追名逐利的人，恐怕另有隐情！"

"那明天你们两人都宣布吗？"

"县里的这种瞒天过海做法，是不正之风！我不能同意。这次推荐优秀辅导员是由下而上，既然金山没有推荐我，也不该在大会上宣布。"

张彤同志尊重我的意见，第二天宣布全国优秀辅导员的名单中没有我的名字。当时，有不少同志向大会提出了质疑："我们都是向吴彤章老师学习，才得了优秀辅导员的称号，为什么优秀辅导员名单里没有吴彤章老师？"张彤解释道："吴彤章老师对中国现代民间绘画的贡献是磨灭不了的，金山的情况比较复杂，我们会调查清楚的！"

晚宴上，各地代表都来安慰我，说金山不要你，你到任何地方，我们都举双手欢迎。我那时也真有点心灰意冷，也产生换一个环境的想法。

会议结束，回到金山，金山农民画作者知道了邳县开会的情况，大家义愤填膺，要到上海市委上告。我制止了他们，不要把小事闹大，要相信文化部群文司会把事情调查清楚的。半个月后，金山县委书记徐其华找我谈话，他说："邳县开会的情况我知道了。在我们干部队伍中，存在着一种不正之风，不讲实事求是，以权牟私，在全国性的大会上，造成极坏影响。我批评了文化局，要他们严肃认真吸取教训。你对金山农民画作出的贡献，金山人民不会忘记的，领导也很重视，希望你安心工作，继续做好辅导工作，使金山农民画的艺术水平，更上一层楼。"县文化局局长俞建树也向我表示道歉，他解释道："我没有看到有关推荐优秀辅导员的文件，是办公室同志背着我私自处理的，是我对办公室同志教育管理不严。"

事后，经群文司与上海市文化局研究决定，将"优秀辅导员"的称号授予我。在群文杂志上刊登全国优秀辅导员名单时,补上了我的名字。至于办公室那个私盖公章的人如何处理,我就不得而知了。

2006年夏,画院为纪念金山农民画创建三十周年,准备出版一本画册。画院新上任的奚吉平院长来征求我的意见,并请我写《序言》。我写好后,局里讨论时没有通过。有人认为我文中有一段关于金山农民画创作特点的论述,必须删除。这段文字是这样的:"绕过西方的素描、透视法对农民画作者来说,是一大'解放',使广大作者增强了创作农民画的信心,发挥了创造性的潜能,张扬了艺术的个性,他们按照自己对生活的直观感受和审美习惯,自由地表达理想和愿望,从而开创了一种具有鲜明民族民间特色的现代民间绘画。"我这段话,并没有贬低西方的素描和透视的意思,只是强调了金山农民画自己特有的艺术特色,如果删去这段文字,那就是否定了金山农民画的存在,因此我不同意删改。

由于我的坚持,他们就请一个不熟悉情况的区委领导重新撰写,当然,材料是他们提供的。在这篇新写的《序言》中,加进了一个新观点:"上海画院的老一辈艺术家,对农民画的发掘、辅导、推介作出了贡献。"这完全是子虚乌有的无稽之谈!首先,"上海画院"这个单位是不存在的。如果是指"上海中国画院",那么一批老画家是在金山农民画兴起多年以后,到金山来参观考察,他们并没有对农民画作者进行所谓的"发掘和辅导";如果是指"文革"后期,上海人民美术出版社有两个连环画家来金山采风或劳动时,曾经辅导过两三个青年画村史和连环画,虽然这几位青年后来加入了金山农民画队伍,但金山农民画的主力是一大批具有绣花、剪纸、织布才能的中年以上的农村妇女,他们完全绕开了素描和透视,直接从民间艺术中汲取营养。可以说,这些连环画家与金山农民画也没有多大的关系。

他们修改《序言》的目的何在呢?如果说他们要删去我一段话,仅仅是出于对金山农民画艺术特点的无知,那么,抬出子虚乌有的"老一辈艺术家",就是把吴彤章辅导、开拓金山农民画的事实,加以模糊化,逐步否定,以便有朝一日彻底抹去!

四、一封没有发出的信

　　1994年9月,我退休了。后来,金山改县为区,新来的区委书记刘国胜关心金山农民画,让区委宣传部和区文化局的领导找我谈话,听取我的意见。我着实激动了一阵子,把我对金山农民画的现状和今后的发展提出一些建议和看法。信写好后,我冷静下来想想,自己已经退休,人家会听你的啰嗦吗? 有此疑虑,就把信搁了下来。我观察了几个月,局里也没有动静,农民画院依旧搞经济承包,一切如常。我就明白了自己的"不合时宜",于是把这封信锁在箱子底下,要不是上海市文史馆组织编写"口述"的机会,恐怕不会再见天日。但此信毕竟是一段真实的历史,是我对金山农民画的一些真实的看法。故记录如下:

　　刘国胜书记,您好!

　　关于金山农民画院的问题,我几年来没有发表过意见。因为我说了也没有用。前些日子,宣传部杜部长、文化局徐书记找我谈话,说要听听我的意见。那就得从我退休时候说起。当时文化局陆局长刚上任,要我推迟三年退休,把画院的接班人培养好再走。但不到一年,不知什么原因,局里就催我办理退休手续。我办完手续不到一个月,原作为接班人培养的阮章云同志,把他从副院长的位子上撤了下来,原因是他不同意画院搞经济承包。关于在农民画院内强制推行经济承包,社会上一些专家和新闻报界早就提出了异议,但有些人听不进去,总怀疑有人在背后做小动作,破坏画院的改革,还到处进行调查。

时隔三年多了，画院已到了积重难返的地步。现在是应该冷静下来反思一些问题了！然而画院的症结究竟在哪儿，有人至今弄不清楚。他们认为是画院的促销不得力，要加大促销的力度，甚至已登报向社会招聘促销人员。现在画院对作者缺乏凝聚力，拿什么作品去推销呢？招聘来的推销员如直接向作者收画去贩卖，那画院又怎样控制，岂不冒出几个"名正言顺"的二道贩子吗？这样做法，只能肥了二道贩子，对画院来说不啻是"雪上加霜"。试问，金山农民画从无到有，从金山农村到冲出国门，难道就是一个"促销"了得？！

农民画是中国特定历史与社会条件下产生的一个特殊的画种，从它诞生、成长、发展的数十年中，延伸着一条艰难与振奋、清晰与困惑的历史轨迹。而金山农民画的出现，标志着中国的农民画进入到一个崭新的发展时期，它的影响超越了国界，受到中外美术界的密切关注和高度评价。

农民画是专业美术工作者与业余作者相结合的产物。没有政府的提倡和扶植，没有专业美术工作者的组织和辅导，就没有农民画的诞生，即使已经发展起来的也会自生自灭。只有成立像画院这样比较稳定的机构，才能使农民画得以持续的发展。画院可以提供广大农民画作者有一个共同的学习、研究、探索的场所，同时便于组织、开展国内外的文化交流，也有利于作者开阔视野，提高自身的艺术素养。金山农民画院的成立是具备充分的条件的，一是金山农民画已形成独特的艺术风格和一支相当规模的创作队伍。二是金山农民画有自己的理论体系。三是它有几位经验丰富的辅导老师。四是受到政府的重视和支持。五是金山农民画院具有法人代表资格，可以承接艺术设计，制作业务，开拓与农民画相关的产品。所以金山农民画院对农民画艺术的继续发展，应肩负起它的历史重任。

我国历史上有宫廷画院、翰林画院、中国国画院,而没有农民画院。在欧洲与中国农民画相似的绘画,称为"稚拙艺术"。在台湾、香港及东南亚称为"素人画",他们都是个体的、分散的,并没有一个统一的组织。金山农民画院的建立,在世界上也算得是个创举,很自然,受到新闻媒体的重视,作了大量的报道。所以金山完全可以在这个艺术领域里为祖国作出更大的贡献。

但围绕着金山农民画存在的价值和画院的"定位",始终不能取得共识。1994年末,画院推行个人经济承包制,就是一个明证!画院的领导成了承包人,画院的性质也改变了,除了代销作品外,什么事都不干了。首先撤销了农民画创作室,接着又停止了一切文化交流活动,同时,画院过高地提取作品分成的比例,又随意侵害作者的知识产权,使得广大作者人心涣散,造成画院名存实亡。

当初我办农民画学习班挑选学员是很严格的,一定要有艺术个性,也就是有一定的天赋,学员参加学习班是出于兴趣爱好,不是为了卖钱(开始也不知道可以卖钱)。现在有不少的学员都是冲着钱来的,他们不是来学习创作的,而是剽窃他人创作成果,把别人创作的且卖得好的作品,进行临摹复制,粗制滥造,拿去赚钱。甚至有些领导,也加入二道贩子的行列。长此以往,农民画作者还能创作出高质量的作品吗?

我一直被戴上"不懂经济""没有商业头脑"的帽子。诚然,我不是商人,但我并不反对农民画的商品属性,我要强调的是如何正确处理艺术和商品的关系。八十年代后期,农民画社从文化馆独立出来的时候,我们是自负盈亏,以画养画,除了付作者的稿费,办画展,出画册,组织作者外出参观学习,以及发画社工作人员的工资之外,到年终还有结余。1979年,金山农民画就进入了文化市场,在全国是最早的。我们取得了创作与销售的良性循环,给金山农民画带来了勃勃生机,为各地画乡所羡慕。直至1994年我退休离开画院的时候，还处在上升势头。究其原因，我们狠抓了作品的艺术质量，提高了作品的知名度，引来世界各国的客户。质量是信誉，质量是最好的广告，质量是促销的最好手段，质量更是商业竞争的锐利武器！然而总有人急功近利，目光短浅，把一些不合格的作品拿出去卖，美其名曰"薄利多销"，实质上是严重地损害了金山农民画的声誉！

在这种"拜金主义"思想的指导下，金山农民画院丧失了许多发展机遇。比如金山农民画的影响和画院的独特性，被许多国际旅行社视为极好的旅游资源，特别是对农民画家的创作室有浓厚兴趣。我曾接待过国外几家旅行社，他们到金山实地考察后，对农民画社的环境甚为不满，觉得无法接待大型或高规格的旅行团。为此，我曾向文化局要求，将画院对门原锡剧团留下的团部租给画院。但文化局宁可办小工厂，租给个体户开饭店、点心店、杂货店，把环境搞得一团糟。外宾参观农民画创作室，必须通过这些店的后门，使我们十分尴尬。画院是上海外事办批准的涉外参观点，是农村精神文明的窗口。此情此景，不知会给外宾留下什么印象！

根据以往的教训，画院要重振旗鼓，首先是决策层取得共识，给画院一个正确定位。其次组建一个好的领导班子，把思想素质好、业务水平高、有开拓精神、对金山农民画事业有感情的同志选进领导班子。其三，金山农民画是劳动人民的精神产品，虽然带有一定的商品属性，但主要的作用是普及审美教育，陶冶人们的情操，丰富广大农民的精神生活。

以上是我对金山农民画院的一些看法和建议，不当之处，请批评指正。

五、卖假画风波

2013年10月，日本的长谷章子和川田多摩子两女士专程来到金山，寻访到我家里。长谷章子告诉我她非常喜欢金山农民画，前些年，日本一家美术馆将他们收藏的几十幅张新英的作品举行一次展览，她与她先生一起去参观了，特别喜欢，想买两张收藏。但美术馆的主人说，展览的作品是不出售的，你可以到中国上海金山农民画院去买。于是她先生到金山来购买张新英的作品，画院回答没有张的作品。后来她与女儿到上海旅游，特地到金山农民画院去询问有没有张的作品。画院的负责人说，现在没有，但可以预订。于是，她们向金山农民画院订购了五幅张新英的农民画。数月后，画院将五幅画寄到日本，每幅画上还都贴上金山农民画院的防伪商标，但画的质量与我在展览会上看到的差得太远了！大家都认为这是假冒的，因此带来这五幅画的照片，来请原作者张新英老师鉴定一下。我与老张一看照片，就认定是伪作。对此，我十分气愤，当时为了保护原创作者的知识产权，我特地向国家商标局申请了"金山农民画院"六个字的注册防伪商标，如今画院竟然拿这注册商标为伪劣的作品保驾护航，还拿到国外去销售，彻底毁坏金山农民画的声誉，是可忍孰不可忍！为了慎重起见，她们回日本后将这五幅伪作寄给了我。证据确凿。

当时农民画院负责销售的副院长是朱希，我记得他曾来电话说，"日本人很喜欢吴师母的作品，家里有没有？"我说没有。后来是如何仿制的，我不知道。据农民画作者反映说，他有几个专为制作假画的帮手，不通过作者的同意，根据画册或照片，进行仿制剽窃活动。这里不仅有严重触犯著作权法的问题，同时还有一个私分款项，化公为私的问题。我向文广局的领导作了反映，并转告外宾要求画院给予解释并向受害者道歉和赔偿。但局领导的意见是"家丑不可外扬"，问题内部解决。后来，不了了之，什么问题都没有解决。当时我本想诉诸法律，正巧我手臂骨折，心力不支，因此就搁了下来。

造假画，卖假画，绝不是偶然发生的事件，而是从1994年以后，在金山农民画院成为一种常态，可谓积重难返。有些本来不会画画，甚至反对农民画的人，因为可以赚钱，也来仿造，当然只能是粗制滥造，把金山农民画的良好声誉，破坏殆尽。过去各国外宾前来参观交流，购买农民画，接待工作应接不暇，现在是门庭冷落车马稀，画院"富了和尚穷了庙"，有时连职工的工资都发不出。这一切难道不值得我们深思吗？

六、中国农民画高峰论坛

2007年11月16日,中国农民画高峰论坛在金山区枫围乡中华村举行。大约在两个月前,文化部曾与浙江省嘉兴市秀洲区联合举办"第三届中国农民画艺术节"在嘉兴秀洲举行。秀洲区造了个大楼——农民画艺术中心,展出来自全国的作品约二百余幅。国家文化部的张彤邀请我任评委,事先征求我对评奖标准的意见,并让我对农民画发展的谈些看法。当时我是与新任的金山区文广局刘杰局长一起去的。回来后不久,听说金山区也要举办一个农民画高峰论坛。主办单位除了金山区人民政府外,还有上海民间文艺家协会、上海市文广局、上海文化发展基金会、上海美术家协会、金山区文化局等,定于11月16日在枫围乡中华村金轩假日酒店召开。

开会的时候,我也没有接到邀请函,但我总觉得,我应该去听听全国专家的意见,因此我随着农民画作者的专车,来到了枫围乡中华村的会场。金山旅游公司在中华村开发了一个中国农民艺术村,不久前他们在艺术村旁边建造了一幢金轩假日酒店,与会者约三百余人,会议与住宿都在这里。有金山、东丰、户县、綦江、湟中五地区、县的农民画联展,地点就在中国农民艺术村的展览厅。

开幕式就在酒店大厅举行,开会前新任金山农民画院院长奚吉平找到我说,"南京博物院的徐艺乙老师要见你"。我就随他来到展厅,徐艺乙同志迎上来说,"我就想看看你,你来了就好! 没有什么事,你去忙吧。"我没有领会他说这话的意思,寒暄几句后,我去看青海的展品了。

开会的时候,我与新英坐在最后一排的角落里。旁边是《光明日报》记者李兰英同志,她曾采访过我们,所以非常熟悉。大会开始,由金山区领导作为东道主，作了简短的欢迎词，接着就由专家发言。徐艺乙先生第一个发言，他开门见山说："吴彤章老师对金山农民画的贡献是不可磨灭的！没有吴老师，就没有金山农民画！他对中国农民画的发展也有着举足轻重的作用。他写了不少对农民画创作具有指导性的文章，你们要认真学习，金山农民画的成功是有理论支撑的。"原来他预先在一本金山农民画三十周年的画册的《序言》中看到歪曲事实的论述，又看到专家席也没有我的位子，推想我的处境艰难，故急着要为我"正名"。

接着，陕西美术学院的一位教授站起来说："我要向为中国农民画作出杰出贡献的吴彤章老师致以崇高的敬礼！"他行了一鞠躬。这时大家向会场四处寻找，有位外省的作者发现了我，兴奋地说："吴老师在这里，吴老师在这里！"坐在我边上的李兰英感慨地说："全国专家还没有忘记吴老师，我很欣慰！"

主持大会的刘局长就向我招手说："老吴来，来，坐到这里来！"当我起身走向专家席的时候，全场发出雷霆般的掌声。上午听各地专家的发言，下午，刘局长要我发言，我事先没有准备，好在我前几天在秀洲的发言，大多与会者没有听过，就以此为基础，作了即兴发言。我谈了三个问题：

一是介绍我出席"亚洲民间艺术研讨会暨作品邀请展"的情况，国际上认可农民画是中国现代的民间绘画艺术，具有悠久的文化传统与时代变迁的创意。

二是青年作者如何学习传统民间艺术，并在此基础上推陈出新的问题。青年农民画作者是在民间艺术"空白"的年代成长起来的，因此要补上民族民间传统艺术这一课。不要以为我们这些文化资源太土，而无视自己文化的根，民间民俗文化就是我们当地文化久远的文脉和根基，大可不必妄自菲薄，去跟风以享乐为主的消费文化、时尚文化，真、善、美才是我们农民画要追求的目标。基础在继承，关键在创新，我们要从丰富的文化遗产中提炼出合理的内核，找出其中的规律，分辨出优秀和腐朽的、有用和不适合的东西，把中国古老的文化元素与现代理念结合成新的创意。

三是当前农民画创作上存在的问题。如对生活的罗列,构图繁复,色彩失控,造型怪异,制作过于精细,使观众产生了审美疲劳。民间艺术注重形式美,但要体现出一种单纯美。民间艺术应该具有鲜明的装饰趣味,保持民间艺术的质朴、粗犷、生动活泼的特点,要接地气。此外我还建议举办全国农民画辅导员研修班,重视对辅导员的培养。

　　许多农民画作者都向我索取我发言的文字资料,因为我的发言不在大会的计划之内,因此我自己去复印了,寄给他们。此文后经整理修改,发表于2008年2月16日《美术报》。

　　会后,上海戏剧学院的陈麦教授对我说:"会上你提出的办辅导员学习班"的问题很重要,是这次会议的一大收获。希望你趁热打铁,把辅导员学习班办起来。以我的看法,如今的农民画已不是过去的农民画或大众文化,它已提升为与正统绘画同等地位的画种之一,尽管这种改变尚未定论,但自从有了"农民画家"封号后,早把"大众"转变为"小众"文化,个别作品确可划入一般的"画品",但专家创作与大众创作之间的界限怎么划定?对新一代农民画作者,应该提出什么新的要求?第三代还能按第二代的老办法办吗?怎样做到名副其实,大众认可?这些都是需要认真讨论和研究的问题。我说,你这个意见很精辟,为何不在大会上提出?他说,你的发言也是临时安排的,我又"夫复何言"!

　　这次"高峰论坛"结束后,一切又恢复常态,什么变化都没有发生。

七、对金山农民画如何发展的几点思考

1. 金山农民画是我国现代民间艺术的杰出代表之一。毫无疑问，农民画是属于民间艺术，但民间艺术的概念要宽泛得多，它包含了年画、剪纸、刺绣、泥塑、织布等等样式。金山农民画是建立在传统民间艺术基础上带有民间审美意识的，但又直率地表达了现代农民的生活情感、现代审美趣味的民间艺术，因此它是属于现代的，是现代民间艺术。这个概念已经得到国际艺术界的共识。如2004年日本举办的亚洲民间艺术研讨会暨作品邀请展，中国参加的是清一色的农民画。强调"现代民间艺术"这个概念，对于金山农民画的发展是有着重大意义的，它提示我们不要抛弃对民间传统艺术的继承，更不要忘记反映今天的农民生活和思想感情的健康发展。

民间艺术一直不脱离人类生活的基本方式，它渗透在风俗民情之中。而民间美术又始终保持了艺术初级阶段的形态，因而也就更直率、更感性地反映人类共同具有的本性，世界各国的民间美术都具有艺术创作上的随意性和简洁、明快、粗犷、质朴的品格，感情纯真，富有创造性。这也是许多现代艺术家所孜孜追求的一种崇高境界。所以，我国现代民间美术不管如何创新，如何发展，都不能抛开古老的民间艺术传统（包括外国的、原始的）。正相反，这些古老的民间艺术对于现代民间艺术来说，都将是丰富的营养和灵感的源泉。

2. 中西联姻。在上海这样一个开放城市的郊区，民间美术的发展必然会受到西方艺术的影响，以中西文化联姻为结果。这种联姻，不是简单的中西合并，而是要孕育出中国现代民间艺术的新一代。正如从两晋、南北朝开始，我国古代的艺匠们在秦汉艺术的基础上，吸收并融合了外来的佛教艺术技法，创造了具有我国民族特色的敦煌壁画与彩塑。又如二十世纪以来，欧美一些立志创新的美术家，如马蒂斯、毕加索从东方古老的民间艺术和非洲原始艺术中吸取养料创立自己独特的艺术流派，开辟了欧洲美术史的新纪元。

艺术的发展与生物界的遗传与变异相似，没有遗传就没有物种的稳定性，没有变异就没有物种的进化。人类的文化，无论东方或西方，总是相互影响，世代承袭，不断发展。国门的打开，无疑对我国的艺术发展，包括民间艺术带来新的生机。所以我们不主张把作者放在一个封闭的环境里，似乎只有这样才能保持中国民间艺术的纯粹性。其实，这是不必要的，也是不可能的。也有人认为现代民间美术无需继承，无需吸收，只要达到自我感情的抒发就可。这种极端自我封闭又自我扩张的做法，也是产生不出真正的民间艺术的。

3. 艺术群体的淡化。多年来，全国各地通过农民、牧民、渔民群众的美术创作实践，已经出现了各种不同风格的绘画群体，形成了多元化的艺术格局。因此，现代民间美术的创作活动，不再是一般群众的业余文化生活，而是被开拓的一种新的美术领域。现代民间美术已经有了一批比较稳定的创作队伍，也形成了自己的理论体系。一些作者从不自觉的流露到自觉的去发现自身的潜在能力，使个人的创造力得到充分的发挥，因而其个性也就更加强烈地显露出来，群体的意义逐渐被淡化。历史证明，一个流派的成熟，首先体现在少数几个画家的水平上，而这些画家的作品都具有独立的艺术价值。因此我国现代民间美术的发展趋势，到了一定的阶段，将由群体转向个体的农民画家。

4. 警惕"商品化"的倾向。任何一件艺术品都具有商品的属性，在一定的条件之下，不免成为一种商品。农民画是农民的一种精神产品，在满足农民自己的审美要求时，也提供了广大观众的审美需求，它体现了"生产"与"消费"的辩证关系。但"商品性"与"商品化"是两个完全不同的概念。"商品化"对农民画作者而言，是指不顾艺术个性，一味迎合市场的需要；一切向"钱"看，产生不出好作品；对于农民画的组织者而言，那就是不顾艺术创作规律，完全把它当成商品，纳入商业渠道，彻底毁掉了农民画的艺术创作。

金山农民画创作活动初期，是作为阶级斗争的宣传工具而受到各级政府有关部门重视的。党的十一届三中全会之后，国家实行改革开放政策，一方面农民画作者有了自由创作的可能性，另一方面艺术产品也有了国内外市场（主要是国际市场）。农民画的创作转入了现代民间美术发展轨道，提高了作品的审美价值，从而也产生了一定的经济效益。这对我们开拓民间美术新局面来说，提供了经济基础，有可能出现一种良性循环的状态。可是在商品大潮的冲击下，一部分作者经不起金钱的诱惑，思想发生了变化，他们为了投客商所好，生产一些低劣或复制一批以前的甚至别人的作品，而自身的创作能力和审美理想完全被抑制。再是一些行政主管部门没有认识到金山农民画是从传统艺术中脱胎出来的一种新时代的民族文化形态，它凝聚着劳动人民的智慧和感情，将成为人类文化宝库中璀璨的艺术瑰宝。他们只看到眼前的一些经济利益，对目前杀鸡取蛋式的烂卖农民画的现象，熟视无睹，甚至认为这是薄利多销的商业模式而大加提倡，导致大批廉价、低劣的作品，在国际市场上泛滥。而失掉了民族的自尊和艺术的个性，在商品市场的严峻考验中必将走向绝路。一些真正的艺术人才也会被淹没。所以，在开辟文化市场的同时，又必须得到政府部门的支持，组织非商业化的艺术活动。这两方面互为影响，才能把现代民间艺术的创作推向更为广阔的天地。

金山农民画何去何从？我相信历经艰难曲折，一定会有新的发展，创造出新的辉煌。本人已届耄耋之年，垂垂老矣，满腔热情与希望只有寄予后来者了！

图1：华君武（二排左四）、沈柔坚（二排左五）等领导看望金山农民画作者
图2：吴彤章、张新英夫妇与唐葆祥（中）

1
2

附　录

一、金山农民画全国巡展一览表(1976—2001)

1976年2月,由上海市文化局、市美术创作办公室联合举办的"上海农民画展"在上海美术馆开幕,金山农民画45幅入选。

1977年1月,由上海市美术创作办公室、金山县文教局联合举办的"金山农民画展"在上海美术馆展出,作品162幅。

1978年10月,由中国美术馆主办的"78年全国农民画展"在北京中国美术馆展出,金山农民画9幅。

1978年12月,由上海市文化局、上海美协联合举办的"金山农民画展"在上海美术馆展出,作品95幅。

1979年10月,由上海美协主办的"庆祝建国三十周年上海美术作品展览"在上美术馆展出。金山农民画入选11幅。

1980年4月,由中国美术馆、上海美协联合举办的"上海市金山农民画展"在北京中国美术馆展出,作品138幅。

1980年5月,由上海美协、陕西美协、户县文化局联合举办的"上海金山农民画展"在陕西户县农民画展览馆展出,作品135幅。

1980年6月,由上海美协、陕西美协联合举办的"上海金山农民画展"在西安市美协展览厅展出,作品85幅。

1981年1月,由上海美协主办的"上海美术作品展"在上海美术馆展出,入选金山农民画13幅、吴彤章国画1幅。

1981年2月,由上海农场管理局、宝山县文教局联合举办的"江南之春"画展在宝山文化馆展出,金山农民画35幅参展。之后,分别去上海县、青浦县、松江县、川沙县、崇明县等地巡展。

1982年5月，应上海中国画院邀请，"金山农民画观摩会展"在画院的展览厅展出，作品50幅。

1982年5月，由上海市文化局、上海美协联合举办的"1982年上海美术作品展览"在上海美术馆展出，金山农民画8幅入选。

1982年5月，由上海美协主办的"上海装饰画展"在上海美术馆展出，金山农民画9幅入选。

1982年11月25日，由广东美协、上海美协主办的"上海金山农民画展"在广州广东省博物馆展出，作品157幅。

1982年12月，由上海美协、湛江地区艺术馆、赤坎工人文化宫联合举办的"上海金山农民画展"在湛江地区艺术馆展出，作品70幅。

1983年3月，由浙江美术学院、浙江美协、浙江省群艺馆、金山县文化馆联合举办的"上海金山农民画展"在浙江美术学院的陈列馆展出，作品150幅。

1983年5月，湖北省江陵、鄂博、光化等县巡展，展出作品80幅。

1983年8月，吴彤章带着一套金山农民画的幻灯片，去贵阳参加由中国艺术研究院举办的"中国民间美术学术讨论会"，美学家王朝闻对金山农民画赞扬有加。

1983年10月，由文化部、中国美术家协会联合举办的"全国农民画展"，金山农民画展出4幅，全获二等奖。

1983年11月，由中华旅游纪念品联合开发公司主办的"中国工艺纪念品展览"在上海展览馆开幕，金山农民画50幅参加展出。

1984年2月，应邀赴上海同济大学展出，作品60幅。

1984年2月，由上海民间艺术研究所主办的"民间艺术欣赏"，金山农民画13幅参加展出。

1984年9月，天津美术学院主办的"上海金山农民画展"在美院展厅展出，作品178幅。

1984年12月—1985年4月，与户县、东丰联合展览，先后在户县、上海、长春、北京展出，金山农民画展出作品共150幅。

1985年5月，在上海美术馆举行"金山、户县、东丰三县农民画联展"，次日召开了专家座谈会。

1986年4月，上海戏剧学院举办"金山农民画展"，作品100幅，并召开了座谈会。

1986年9月，"中国漆画展"在北京中国美术馆展出，金山漆画10幅参加。

1986年9月，由青海省群艺馆、上海金山文教局联合举办"金山农民画展"在青海省西宁市人民公园展览厅展出，作品100幅。

1986年12月，由上海美术馆、香港大一艺术设计学院、香港美术家联合会联合举办的"金山农民画展"在香港大一艺术设计学院展览厅展出，作品72幅。

1987年12月，由上海市文化局、四川省文化厅主办，上海市群艺馆、四川省群艺馆承办"上海农民画展"（金山农民画与松江丝网版画）在四川成都省展览馆联合展览，金山农民画121幅。

1988年，由上海市文化局、上海市农委、上海美协联合举办的"上海农民书画大赛展"，在徐汇区文化馆展出，金山农民画26幅。

1988年，参加"全国农民书画大奖赛"入选10幅，于中国美术馆展出，获二等奖二人。

1989年5月，参加第五届"江南之春"画展，农民画15幅，漆画8幅。获奖3幅，其中漆画1幅获优秀奖。

1989年5月，由华伟国际文化交流中心、中国民间文艺家协会、中国美术报、陕西美术学院等举办的"全国首届中国风俗画大奖赛"在西安举行，金山农民画2幅获二等奖，1幅获三等奖，4幅获佳作奖。

1989年5月，参加"庆祝上海解放四十周年美术作品展"金山农民画入选9件（包括漆画1件）。

1989年，"全国第七届美术作品展"（壁画、漆画展）在上海美术馆和美协画廊展出,金山入选漆画2件。

1990年3月,由解放日报社、上大美院主办的"90上海中国民间艺术博览"在上海美术馆展出,金山农民画10幅参展。

1990年,参加"中国西湖艺术节",金山漆画3幅。

1991年4月,参加"第六届江南之春画展",农民画6幅、漆画5幅、油画4幅、国画2幅,获一等奖一名,二等奖四名。

1991年12月,参加由北京音乐厅画廊举办的"1991圣诞——中国民间绘画展览",金山农民画60幅。

1992年2月,上海市委、市政府在上海展览厅举行春节团拜活动,出席团拜的有国家主席杨尚昆及中央领导同志,征集金山农民画16幅,放大至1平方米,悬挂在大厅两侧。

1992年5月,参加"上海国际艺术节农民画展",入选作品31幅。

1992年6月,由上海市委宣传部、金山农民画院、上海商城剧院联合举办"金山农民画展"在上海商城剧院大厅展出,作品80幅,放大的农民画10幅,织成丝毯和羊毛毯9幅。出席开幕式有市委宣传部副部长龚心瀚、市文联主席夏征农、原宣传部部长陈沂、金山县委书记徐其华及县委其他领导、上海大学领导和专家,以及加拿大、德国、法国、比利时等驻沪领事及夫人等二百余人。开幕式由龚心瀚主持,顾汉贤作了发言,夏征农、陈沂剪彩,徐其华陪同市委领导观看并作了介绍。

1992年9月,由上海市文化局主办的"上海市群众美术大奖赛作品展"在上海美术馆展出,金山漆画3幅获三等奖,农民画2幅获三等奖,国画1幅获二等奖。

(注:1993年吴彤章退休,从1993年6月至2000年,金山农民画还有多次展览。因资料缺失,已难查考,唯留在《金山文化志》中的"金山农民画获奖表"可资参考。表见本书139页。)

1993年,广西南宁市、桂林市展览馆,展出金山农民画作品120幅。

2001年6月,台湾国父纪念馆,展出作品除农民画还有黑陶共10余件。

二、国外展览及外宾来访大事记（摘要）

1976年7月，"中国农民画展"赴加拿大、芬兰展出，金山农民画代表上海有6幅参加。

1976年7月，日本新闻代表团赴金山，参观金山农民画。

1977年夏，罗马尼亚两位女画家、美术评论家专程到金山枫泾镇参观农民画。

1977年9月，英国女作家韩素音专程到金山枫泾镇参观农民画并举行了座谈。

1978年春，瑞典友好参观团到金山枫泾镇参观农民画。

1979年11月，南斯拉夫美术评论家托马舍维奇来金山朱泾镇与枫围公社胜利大队参观并与农民画家座谈。

1980年3月，美国洛杉矶东方艺术公司经理史雷达尼克一行七人，来金山参观农民画以及签订农民画复制出口合同。

1980年5月，比中友协主席范登德里舍、秘书长贝湖来金山参观农民画。

1980年7月，由洛杉矶艺术学院、东方艺术公司联合筹办的"中国金山农民画展"在洛杉矶展出，作品140幅。展览广告采用陈芙蓉的《贺新年》。

1980年9月，比中友协主办"中国金山农民画展"在布鲁塞尔的博览会上展出，作品138幅。

1980年9月，由美国洛杉矶艺术学院、史雷达尼克东方艺术公司联合举办的"中国金山农民画展"在美国纽约展出。

1980年10月，"中国金山农民画展"在纽约移师华盛顿展出。

1980年11月，"中国金山农民画展"在华盛顿移师芝加哥展出。

1980年11月，瑞典驻中国大使馆文化参赞叶古春和夫人专程来金山参观农民画。

1980年11月，美国女画家苏珊来金山参加"农民画学习班"。

1981年2月，日本美乃美、上海人美出版社联合出版《中国农民的绘》画册，收集金山农民画52幅。

1981年5月，以吴定一为团长的美国旧金山文化代表团二十三人，到金山参观农民画。

1981年6月，美国华立凡德莱国际画廊与金山农民画签订合同，为期二年，每年提供画廊300幅作品。

1981年7月，法中友协让·彼埃尔·吉朗为团长的法中友协民间艺术考察团一行九人来金山参观农民画并进行座谈。

1981年7月，意大利记者贝拉偕夫人、女儿来金山访问农民画家，并购买2幅金山农民画。

1981年7月，美国旧金山博物馆协会董事吴定一再次来金山参观农民画并购买23幅农民画。

1981年7月，以吉朗先生为团长的法中友协民间艺术考察团一行九人来金山参观农民画和座谈，选购农民画17幅。

1981年8月，联合国粮农组织救济委员会西德分会的维·迪尔斯曼来金山参观农民画拜访农民画家。他曾在中国国际书店购买了金山农民画60余幅，这次又购买4幅，打算在西德筹办金山农民画展。

1981年10月，"金山农民画展"在西德杜赛尔道夫展出，接着又在波恩展出。

1981年10月，以海曼为团长的美国一旅行团二十三人专程来金山参观农民画，购买农民画18幅。

1981年12月，"中华人民共和国当代画展"在纽约国际画廊展出，金山农民画100幅。

1982年1月，瑞典《每日新闻》驻京记者雷尤伦夫妇来金山采访农民画作者。

1982年3月，美国凡德莱国际画廊两位外宾来金山参观农民画和拜访农民画家。

1982年4月，美国摩根公司董事长丹思及夫人来金山参观选购农民画，并受苏珊的委托，前来看望吴彤章老师和农民画作者。

1982年5月，美国一所大学十位教授，由市环保局同志陪同前来参观农民画并选购农民画。

1982年6月，在上海外语学院任教的美国、西德、日本、法国、新西兰等二十二位教师来金山参观农民画并进行了座谈。

1982年6月，美国旧金山地区友好代表团九人来金山参观选购农民画。

1982年6月，荷中友协鹿特丹分会副会长黄敦品先生来金山参观选购农民画。

1982年8月，以吉朗为团长的法中友协代表团八人来金山参观农民画及剪纸等民间艺术并选购农民画。

1982年9月，以罗蓓为团长的美国海曼三团访华团十八人来金山参观并选购农民画。

1982年9月，意中友协季里梅等三人来金山参观选购农民画。

1982年10月，基辛格夫人来上海接见金山农民画家并选购农民画。

1982年10月，美国太平洋旅游团七十余人来金山参观农民画。

1982年10月，美国船岸公司董事长记史丹等五人，来金山参观并选购农民画。

1982年11月，美国克鲁克1103团十四人来金山参观选购农民画。

1982年12月，美国《新闻世界报道》驻京记者到金山采访农民画家。

1983年2月，西德驻沪总领事韩德克与副领事来金山参观农民画。

1983年5月，智利一位雕塑家及夫人来金山参观农民画。

1983年5月，澳大利亚文化艺术访华团三人来金山参观农民画。

1983年6月，联合国一官员的夫人来金山购买农民画，并将张新英的

《迎新客》织成丝质挂毯。

1983年7月,瑞(典)中友协常委雷纳特松夫妇来金山参观农民画。

1983年8月法中友协代表团十人来金山参观农民画。

1983年11月,由布朗带队的西德驻上海石化总厂专家组十一人来金山参观农民画。

1983年12月,西德驻沪领事韩德克与夫人、女儿来金山参观选购农民画。

1983年12月,日中友协组织的中国语文短期访华团三十一人来金山参观农民画。

1984年2月,美国蒙大拿美术学院美术系主任托德、教授本西来金山参观农民画。

1984年4月,比中友协秘书长皮特斯,比利时美术馆主任文豪夫来金山参观选购农民画。

1984年6月,澳大利亚《晨报》驻京记者贝克等三人来金山采访农民画。

1984年8月,法国儿童代表团六人(其中儿童四人)来金山参观农民画,四位小画家当场作画。

1985年6月,南斯拉夫托马舍维奇来金山,赠送他主编的《天真画派世界百科全书》。

1985年8月,比中友协执委文豪夫等二人第二次来金山参观农民画。

1985年8月,由中国对外展览公司主办的中国画展,在瑞士展出,金山农民画入选14幅。

1986年2月,由美国旧金山中华文化基金会举办的"金山农民画展"在旧金山展出,作品65幅。

1986年2月,日本美乃美社编辑部主任斋藤直光来金山农民画社参观。

1986年3月,尼泊尔卫生教育处代表团来金山参观农民画。

1986年4月,南斯拉夫萨格勒布市稚拙艺术馆主任克里席契女士来金山参观农民画。

1986年9月，澳大利亚驻沪总领事黄乐哲等六人，来金山参观农民画。

1986年10月，上海外语学院陪同外国文教专家二十六人来金山参观农民画。

1986年11月，"中国漆画专展"在苏联展出，金山1幅入选。

1987年8月，法中友协会长吉朗先生第三次来金山参观，选购农民画。

1992年7月，美国耶鲁大学教授班宗华，撰写《中国绘画史三千年》，到上海除了参观上海博物馆和上海国画院外，还专程到金山参观农民画。国务院新闻办公室为此专门发文（1992第41号）至金山区委。

1993年春，日本三重大学教育实践研究指导中心滨本昌宏教授来金山参观考察农民画，并在1995年3月的学报上发表《关于中国金山农民画及儿童画的考察》报告。

1994年10月，由法国《欧洲时报》主办的"中法秋季联合画展"在巴黎展出，参展的金山农民画100幅，金山黑陶作品10件。

三、报刊文章目录汇编

吴彤章《民间年画与农民画》，发表于1979.2.上海人民美术出版社出版的《美术丛刊》。

吴彤章《金山农民画》，发表于1979.5.《中国文学》，译成法文及多国文字出版。

丁济棠《向金山农民画学习》，1980.8.5.发表于《陕西日报》。

吴彤章《一朵土生土长的艺术新花》，发表于1980.6.21.《中国农民报》。

吴彤章《一朵土生土长的新花》，发表于1980.7.《中国妇女》。

周文德《创造新的民间美术——看上海金山农民画有感》，发表于1980.7.4.《陕西日报》。

张汀《光彩闪烁的民歌》，发表于1980.10.《新观察》复刊号。

吴彤章《中国上海金山农民画》及七幅农民画，发表于1980.10.《中国建设》外文版。

吴彤章《金山农民画首次赴京展出》，发表于1980.8.5.《采风报》。

石镇国《吴彤章与金山农民画》，发表于1981.1.12.《大世界》。

季振邦《可贵的"土气"》，发表于1981.3.10.《解放日报》。

沈志芳《中国农村是民间艺术的宝库》，发表于1981.8.24.《解放日报》市郊版。

朱朴《金山农民画情趣盎然》，发表于1981.9.《中国百科年鉴——文学艺术》抽样本。

倪新《农民画要为农民所爱》，发表于1981.8.20.《解放日报》市郊版。

史永康《金山农民画的开拓者——访全国农村文艺先进工作者吴彤

章》，发表于 1982.1.27.《文汇报》。

1982 年 5 月 25 日,《北京周报》日文版和英文版刊登介绍金山农民画的文章和照片。

阿达《艺术的夸张与变形》，发表于 1982.7.15.《上海美术通讯》。

吴彤章《金山农民画的艺术道路》并刊农民画 21 幅, 发表于 1982 年《美术》第八期。

鲍文清《他们在农村文化园地中播种》，发表于 1982 年《今日中国》第五期。

海沙《艺术与友谊的花朵——外宾喜欢金山农民画》，发表于 1982.6.《旅游天地》。

徐启华《取农民画之长, 补国画之短》，发表于 1982.6.6.《文汇报》。

陆建明《牺牲自己创作的黄金时代为发展民间绘画艺术铺路——吴彤章精心培养农民画家》，发表于 1982.6.21.《光明日报》。

吴彤章《散溢着泥土芬芳的金山农民画》, 发表于 1982.12.7.《广州日报》。

胡林森《阮四娣的剪纸艺术》，发表于 1982.12.11.《文汇报》。

郜峰《大胆新奇艳而不俗》，发表于 1982.12.17.《羊城晚报》。

陆明、小青《美不胜收》，发表于 1982.11.26.《羊城晚报》。

柳漫子《金山农民画的四位女画家》，发表于香港 1982.11.22.《文汇报》。

秦浩等《必须制止大量抛售艺术品的现象》，发表于 1982 年《美术》第四期。

黄笃维《有益的启示——喜看金山农民画》，发表于 1982.12.14.《羊城晚报》。

吴彤章《在民间艺术土壤里成长起来的金山农民画》，发表于 1983 年《农村年书》。

徐景达（阿达）文《画的歌》，发表于 1983.2.《学文化》。

蔡振华《评金山农民画鸭笼》，1983.4. 发表于《解放日报》。

舒传曦《金山农民画的启示》，发表于1983.4.7.《浙江日报》。

刘保法《吴彤章和金山农民画》，发表于1983.4.《文汇月刊》。

1983年5月15日，《上海美术通讯》发表金山农民画展在广东座谈会发言记录《金山画派的崛起》。

郁风《崭新的乡土艺术》并15幅农民画，发表于香港1983.4.1.《美术家》。

吴彤章《金山农民画的艺术特色》，发表于1983.7.《贵州日报》。

张茂才《金山农民画的艺术特色和经验》设计在1983年文化部群文剧局编印的《全国群文艺术馆馆长讲习会讲稿汇编》。

吴彤章《金山农民画的艺术特色》，发表于《群众艺术》1983年第十期。

陈庆楣《化作春泥培奇葩——记金山农民画发掘人吴彤章》，发表于1983.10.22.《工人日报》。

王朝闻《总要选最"趣的"画》，发表于《文艺研究》1983年第五期。

吴彤章《农民丹青手》，发表于1984.2.1.《文汇报》。

何振志《美的追求和创造》，介绍五位农民女画家，发表于1984.5.《文化月刊》。

唐葆祥《画的歌》，发表于1984.8.9.《文汇报》。

金冶《评金山农民画》，发表于1984年《新美术》。

卢新华《金山农民画织进艺术壁毯》，发表于1984.11.《文汇报》

唐葆祥《铺路者的足迹——记金山农民画开拓者吴彤章》，收集在1984年工人出版社出版的自学成才报告文学集第二集《耕耘与收获》。

由南斯拉夫评论社主编的《天真画派世界百科全书》于1985年出版，其中介绍金山十二位农民画家、十四幅画及吴彤章《金山农民画艺术》一文。

《农民画第三波——吴彤章和起自中国民艺背景的金山农民画》（作者不详），发表于台湾1985年《雄狮》美术杂志。

李坚《质朴、粗犷、乡味十足》访金山农民画家阮婆婆，发表于1984.4.《新民晚报》。

方向《滨海小城农民画》，发表于1986.8.《人民日报》海外版。

里果《闻名中外的金山农民画》发表于1986.9.《青海日报》。

吴彤章《世像心像和图像》，发表于1986年《中国美术报》第52期。

1986年12月6日，香港《文汇报》发表《金山农民画在大一艺术设计学院九龙厅展出》的消息。

荣铨、贤明文《中国新农民的自画像》，发表于1987年《新民晚报》。

吴彤章《现代民间美术发展中已遇到的几个问题》，收集于1988.11.《中国农民画论集》中。

朗绍君《论中国农民画》，发表于1989年《艺术研究》第三期。

徐洁人《专家与农民携手研究现代民间美术》，发表于1989.12.14.《文汇报》。

陆决琴《泥腿子、女画家妙笔生花》，发表于1990.1.28.《新民晚报》。

沈柔坚《迷人的上海农民画》，发表于1992年《文汇报》。

李坚《金山农民画画致富，作者大多已造新房》，发表于1992.6.《新民晚报》。

李坚《金山农民画登堂入室——一百件作品今在商城展出》，发表于1992.6.22.《新民晚报》。

劳旅《泥腿子的旗帜——上海现代民间绘画展览观后感》，发表于1992.9.19.《漓江日报》。

李坚《城里人不敌郊县人——群众美术比赛金山县独占上风》，发表于1992.9.30.《新民晚报》。

吴彤章《金山农民画再怎么走？》发表于1994年《上海美术》。

吴彤章《守住乡土创新艺》发表于2008.2.18.《美术报》。

许江《活在民间——致"农民画时代"画展》，收入2010.5.《农民和时代，时代画农民》画册之中。

陈琦、陈永怡《来自泥土的芬芳——新中国农民画运动及演变轨迹》，发表于2010.5.《美术》杂志。

廖开明《基辛格与中国农民画》，发表于2015.4.12.《人民日报》

四、金山农民画作者在册名录（共计164人）

（以姓氏笔画为序）

知识青年：杨奔华　马建新　何良观　陈友奎　朱　希
　　　　　庄亚伦　胡　伟　周永仁　夏　杰　李　峰
　　　　　阮章云　姚　梅（女）　牟　帆　朱健春　陈　豪
　　　　　翁曙光　许重任　朱永胜　苏仁章　周允仁
　　　　　朱　平　夏增强　陈明民　周其昌　赵祖法
　　　　　沈行棣　范根娣（女）　卫元林　冯建中　王一峰
　　　　　胡　杰　周　衍　陆　勇　王阿妮（女）　颜静芳（女）
　　　　　王运天　寿向东　姚　雄　顾石军

农村青年：龚明华　陈富林　王金喜　徐小星　朱永金
　　　　　庄四良　陈瑞标　封凯成　陈卫雄　钟德祥
　　　　　沈文祥　林来源　林静源　薛德良　何放权
　　　　　陈和云　冯正兴　张龙海　沈明初　沈之良
　　　　　陈四良　施伯余　宋金贤　宋金其　陆大奎
　　　　　沈跃康　沈林根　干校明　唐介文　胡明浩
　　　　　王浩明　钱永林　岳四根　陈立民　周　华
　　　　　李福祥　姚建元　袁阿火　周薛奎　吴金龙
　　　　　王清民　俞川根　侯决耿　马甚甫　黄跃芳
　　　　　周晓云　曹品林　陶林平　高峰黎　顾忠强
　　　　　曹金根　陆学英　陆永忠　赵龙观　诸　军

严军杰　顾海峰　周跃辉　周时华　姚喜平

黄　冲　邱建国　戚藕弟　胡彩娟（女）　曹秀文（女）

姜国红（女）　季　芳（女）　龚勤芳（女）　邵其华（女）

陈秀芳（女）　陈惠芳（女）　李菊芳（女）　胡美芳（女）

曹宝娣（女）　徐惠芳（女）　李金华（女）　曹文珍（女）

陈妙娟（女）　徐林生　李林根　孙美娟（女）

曹杏娟（女）　钱引珍（女）　徐明英（女）　徐雪英（女）

农　　民：吕秀明　潘辉文　沈志敏　杨德良　沈德贤

沈正贤　盛　璞　龚彩娟（女）　方银宝（女）

李翠英　姚珍珠（女）　陈芙蓉（女）　张凤英（女）

沈小妹（女）　陈德华（女）　沈寿珍（女）　阮四娣（女）

沈美珍（女）　高巧娥（女）　曹金英（女）　徐桂宝（女）

曹三宝（女）　龚寿生　朱素珍（女）　张美玲（女）

教　　师：周月新（女）　许乃萃（女）　朱景龙

职　　工：顾蓓莉（女）　张新英（女）　李恒芳（女）　朱亚英（女）

王长里　蒋　澜　姚积辉　高映权　黄远书

李　崎　夏　盈　怀明富

干　　部：沈云岩

市　　民：蔡巧英（女）　张婉英（女）

泥 水 匠：徐建忠

香火艺人：高志明

五、我的简历

1933年4月12日出生于上海南汇县大团镇。

1949年考入上海美术专科学校国画系学习。

1950年参加中国人民解放军华东海军文工团,任舞美设计。

1953年调海军舟山基地,任文艺指导员。

1959—1965年借调至海军政治部美术创作组。

1962年在上海中国画院进修,为时二年。

1962年为上海美术家协会会员。

1965年从部队转业到金山县亭新供销社,任理事会主任。

1972年调金山县文化馆,任美术组组长。职称为副研究员馆员。

1979年为中国美术家协会会员。

1979年作为上海代表参加中国文艺工作者第四次代表大会。

1980年为上海民间文艺家协会会员。

1980—1992年为金山县政协第四、五、六届委员会副主席。

1981年为中国民间文艺家协会会员。

1981年文化部授予"全国农村文化艺术先进工作者"称号。

1981年上海市人民政府授予"上海市劳动模范"称号。

1983年参加中国工会第十次全国代表大会,主席团成员。

1984年任金山县文化局副局长。

1986年任金山农民画院院长。

1988年文化部社文局授予"中国民间美术工作开拓者"称号,并享受国务院特殊津贴。

1988—2003年任上海农民书画协会副会长。

1992—1998年为上海市第八届政协委员。

1993年退休,为金山农民画院名誉院长。

2014年为上海市文史研究馆馆员。

后　记

　　《吴彤章口述历史》从酝酿准备、讨论提纲、收集资料，直到动笔写成，整整花了将近一年的时间。当我们将最后一批照片选定并注释完的时候，彼此都深深地舒了一口气。

　　我与吴彤章相识已有四十余年了。1963年我从上海戏剧学院戏曲研究班毕业，为支援农村，分配到金山锡剧团工作，"文革"中剧团解散，我被借调到金山文化馆，吴彤章是1972年调到文化馆的，所以我与他有一年左右的同事关系。在他调来文化馆之前，我曾去亭林他住的"闹鬼楼"拜访过他，那座破旧、阴森的走马楼给我留下深刻的印象。1973年我被借调到县革会政工组（后改名为县委宣传部），虽然不在一个单位，但也经常往来，一起探讨艺术问题。1978年我调往上海昆剧团后，虽然见面少了，但我每次回金山探亲，必去吴彤章家拜访。1984年我还为吴彤章写过文章，一篇在《文汇报》上发表，一篇长篇报告文学收集在工人出版社的报告文学第二集中。因此我与吴彤章不仅是同事、朋友，也可以说是莫逆之交。

　　吴彤章自幼喜欢绘画，表现出他不同凡响的天赋。他在十六岁那年就考入被称为近代美术家摇篮的上海美术专科学校，虽然学习时间不长，但他在部队的刻苦努力，使他成为一名优秀的军旅画家。可以设想一下，如果吴彤章当年在上海美术专科学校念满五年毕业，又如果在海军美术创作组不转业继续从事专业创作，那他在国画的创作上将会开创何等的局面！然后，他转业到了农村，成了供销社一名工会干部。他随遇而安，没有自暴自弃，没有放下画笔，在田头、茶馆、商店练习速写，积累素材，在"文革"中，他创作的一幅国画被外宾选中，拿到叙利亚等国展览，让市里、县里发现了这个

251

人才,将他调到文化馆从事业余美术创作。在这里他邂逅了农民画。

农民画在金山县并没有传统,在当时,全国的农民画都是学陕西户县的。但吴彤章凭着他的艺术修养和眼光,凭着他儿时受到的江南农村民间艺术的熏陶和滋养,走出了自己的路子,开拓了、成就了别具一格的金山农民画,在全国乃至国际上,产生了巨大的影响。正如他数十年不见的老战友看了金山农民画无限感慨地说,"你是关闭了一扇门,又开启了一扇窗!"这也又一次诠释了"是金子总会发光"的至理名言。

然而,这扇"窗"是不容易开启的,正如任何新生事物的诞生、成长一样,金山农民画在开拓、发展过程中,也遇到了各种各样的困难和阻力,这些阻力大部分来自对民间艺术的轻视和无知,对文化艺术在精神文明建设中的重要作用的忽视;当然也有个别人出于一己之私,设置一些阻力,造成一定的困难,但更多的是得到从中央到区县各级党政领导的大力支持和肯定,得到全国美术专家们的喝彩和关注,致使吴彤章在开拓金山农民画的过程中,能够坚持下去,能够克服种种艰难险阻,使其不断发展壮大。从这个角度讲,吴彤章又是幸运的。

由于繁重的辅导、巡展和国内外文化交流,吴彤章几乎把他的全部时间和精力贡献给了金山农民画。他只是在难得的空隙以及退休以后,才拿起自己的画笔,继续他的国画创作。

吴彤章的绘画创作,在开拓金山农民画之前,先画油画,后回归国画,其创作方法都是属于写实主义。也许受农民画的启发,也许受法国绘画的影响,他后期的国画创作,更重视笔墨的运用,更富于抒情性。

他的作品有两个主题,一是大海,一是人物。

大海是他生命的组成部分,飘舞的白云,令他魂牵梦萦;汹涌的浪涛在他心中翻滚。过去他画大海,只是作为背景,突出的是海军战士;后来他画大海,全用泼墨的手法,生动地表达大海的本体,大海的千姿百态,当你站在这些作品面前,会被从画面流溢出来的诡异又恢弘的气势以及画家心中的澎湃激情,深深地震撼!

人物画是他的擅长。他有很深厚的素描、透视等西画功底。早期的作品都以描绘现实生活中的人物为主。后期的人物画，以写意为主，他的刚柔相济的线条充满着生命力，寥寥几笔，略施薄彩，就把人物的精神面貌勾勒出来；尤其他画古人，不求形似，追求的是古典诗词中的意境神韵，呈现的是一片缤纷瑰丽的美的世界。

吴彤章虽然年届耄耋，身心尚健，精神矍铄，这次撰写《吴彤章口述历史》，他不辞劳苦，亲自动笔，整理出一份份真实可信的资料，而我只是在拟定提纲，梳理脉络，挖掘细节、修饰文字上做了些工作。吴彤章的夫人张新英是金山农民画家中杰出的代表之一，她生动的自述学习创作农民画的过程，可看做吴彤章如何辅导农民画的一个真实的缩影，非常感谢她为本书充实了内容。另外吴彤章的儿子吴树红成为我与吴彤章之间纽带，我每写完两章，就利用网络传给树红，树红打印后送给他父亲，他父亲看后与我在电话中谈修改意见，然后我再修改定稿。就这样，来回往复，尤其是最后照片的编辑整理，树红起了不小的作用。此外阮章云、陈铧两位也提供了有关资料，吴树志、倪穗珠也予以支持和帮助。在此一并致谢。

唐葆祥

2015 年 12 月

253

图书在版编目（CIP）数据

吴彤章口述历史/吴彤章口述；唐葆祥撰稿. —
上海：上海书店出版社，2016.7
（上海市文史研究馆口述历史丛书）
ISBN 978-7-5458-1283-1

Ⅰ.①吴… Ⅱ.①吴… ②唐… Ⅲ.①吴彤章—回忆
录 Ⅳ.①K825.72

中国版本图书馆CIP数据核字（2016）第118575号

责任编辑 沈佳茹
技术编辑 丁　多
装帧设计 邺书径

吴彤章口述历史（上海市文史研究馆口述历史丛书）
吴彤章　口述　唐葆祥　撰稿

出　　版	上海世纪出版股份有限公司上海书店出版社
	（200001　上海福建中路 193 号　www.ewen.co）
发　　行	上海世纪出版股份有限公司发行中心
印　　刷	江阴金马印刷有限公司
开　　本	640×965 mm　1/16
印　　张	16.5
字　　数	200,000
版　　次	2016 年 7 月第 1 版
印　　次	2016 年 7 月第 1 次印刷
ISBN	978-7-5458-1283-1/K.228
定　　价	55.00 元

ORAL HISTORY

上海市文史研究馆
口述历史丛书

第一辑

杨小佛口述历史

沈　寂口述历史

童祥苓口述历史

邓伟志口述历史

姜义华口述历史

第二辑

丰一吟口述历史

陈　绛口述历史

汪观清口述历史

刘耋龄口述历史

林丙义口述历史

第三辑

颜梅华口述历史

高云龙口述历史

曹圣洁口述历史

吴彤章口述历史

邹逸麟口述历史